真実の「わだつみ」

学徒兵 木村久夫の二通の遺書

加古陽治【編◉著】

真実の「わだつみ」

学徒兵　木村久夫の二通の遺書

20歳頃の木村久夫

まえがき

「わだつみの木村に、もう一通の遺書が存在していました。読んでみてください」。歌人でもある文化部長の加古陽治から報告を受けた時、やりとりが涙声になるのを止められなかった。木村久夫。愛読した哲学書の余白に書かれたとされる遺書は、感動的で批評性に富むことから戦後の代表的ロングセラー『きけわだつみのこえ』（岩波文庫）の中でも、特に重要と位置付けられている。

取材に協力いただいたご遺族の手で新たに見つかった遺書は、死刑執行間際に原稿用紙六枚の表と裏につづられていた。『わだつみ』の遺書は実際は、余白と原稿用紙に書かれていた内容を合わせて編集されていたのだ。二通の遺書の存在からは、二十八歳の若さで理不尽に命を奪われる自分の思いを、家族や後世に何としても書き残したいという木村の執念が伝わってくる。歴史の記録者を任じている新聞にとって、真実を報道することは何よりも大事な使命である。遺書全文の掲載など六つの面に及ぶ大量出稿となったが、四月二十九日の朝刊で報じることができた。

心残りは、余白に書かれた方の遺書の全文を同時掲載できなかったことである。ノンフィクション作家の保阪正康さんは掲載紙面への寄稿で、木村の思いを「国民的遺産」と評した。それが二通の遺書により成り立っているのは分かっていたが、割ける紙面の分量としてはもはや限界だと判断した。

それでも今回のスクープに対する読者からの反響は大きく、北海道新聞など他のメディアでも紹介された。あとは『わだつみ』の改訂作業を見守ろうと思っていたところ、二通の遺書の書籍化を本紙に託したいというご遺族の意向を知らされた。責任は重大だが、木村のために使命を完結させる機会をいただいたと、心より感謝している。一人でも多くの人に、本書を読んでもらいたい。

東京新聞は戦後六十年を契機に、無名の庶民の身に起きた「等身大の戦争」を伝える企画を始め、現在も続けている。終わりはない。戦争という過ちを、二度と繰り返させないためである。一連の記事は『新編あの戦争を伝えたい』(岩波現代文庫)などの書籍でも随時、世に問うてきた。

戦後六十九年の今年、日本は戦後の平和主義を捨てて、戦争のできる国になろうとしている。木村のもう一通の遺書が、六十八年の時を経て日の目を見たことの意味を思わずにはいられない。「私のごとき者の例は、幾多あるのである」と書き残しているが、過去の総括にとどまらない。未来への警鐘として、一字一句を心に刻んでおきたい。

2014年8月吉日

東京新聞(中日新聞東京本社)編集局長　菅沼堅吾

お読みいただくにあたって

戦没学徒の遺稿を集め、戦後を代表するロングセラーの一つとなっている『きけ　わだつみのこえ』（岩波文庫）の中でも白眉といわれる陸軍上等兵・木村久夫（一九一八〜四六）の遺書は、すべて田辺元『哲学通論』（岩波全書）の余白に書かれたものとされてきました。しかし、東京新聞の調べで、遺族の元にもう一通の遺書が残されていることが判明しました。『わだつみ』に掲載されている木村の遺書は、二つの遺書を合体させた上で、順番の入れ替えや削除、加筆等をしたものだったのです。

この本では、木村のご遺族の許可を得て、今回見つかった父親宛の遺書と、

『哲学通論』の余白に書かれた遺書それぞれの全文、『哲学通論』から削除された箇所の抜粋などを掲載しています。合わせて、読者の皆さんが二つの遺書について理解しやすいように、木村の人生や木村が死刑となるに至ったインド洋カーニコバル島での事件のこと、遺書が編集された背景などを紹介、分析する書き下ろしの原稿をつけました。

『哲学通論』の遺書は、原則として右ページの余白に短歌が、左ページの余白に文章が書かれています。本文中で文章の途中に歌が出てくる箇所があるのは、原文通りに掲載しているためです。

二つの遺書は主に漢字とカタカナで書かれていますが、現代の読者の便宜を考え、カタカナは外来語等を除いてひらがなに直しました。適宜、句読点や送り仮名を挿入し、段落冒頭の一字空け、改行を加えました。指示代名詞など一部の漢字はひらがなとし、明らかな誤字等は修正してあります。

本文中の敬称は略しました。

『きけ　わだつみのこえ』

東京大学学生自治会内の編集委員会が編集し、東大協同組合出版部から一九四七年十二月に出版された『はるかなる山河に』を各地の戦没学徒に広げようと、全国から遺稿を募集。集まった三百九人の遺稿から七十五人を選び、一九四九年十月、同出版部から『きけ　わだつみのこえ』として出版された。タイトルは藤谷多喜雄氏（京都府）の応募作「はてしなきわだつみ」の改作。藤谷氏の短歌〈なげけるか　いかれるか／はたもだせるか／きけはてしなきわだつみのこえ〉が扉に記されている。「わだつみ（海神）」は「海を支配する神」「海」のこと。ここでは海に沈んだ戦死者を指す。本はその後、光文社「カッパ・ブックス」でも出版され、一九八二年に岩波文庫に収録された。一九九五年には改訂を施した新版が出版され、二〇一四年六月現在、第二十七刷まで版を重ねている。新版には生存が判明した一人を除く七十四人の遺稿が収録され、木村久夫の遺言はその中でも特別なものとして巻末に収録されている。

カーニコバル島事件　木村久夫が駐屯していたインド洋アンダマン・ニコバル諸島のカーニコバル島（現インド）で戦争末期に起きた住民殺害事件。島はもともと英国領で、米泥棒で陸軍に捕まった住民が、信号弾を打ち上げて英国側に情報を知らせていたことを「自供」したことから、「スパイ」容疑が持ち上がった。当初、海軍を中心とする民政部に捜査が委ねられ、英語に堪能な木村らが取り調べに当たった。その結果、インド人医師を中心とする「スパイ組織」が「解明」され、裁判抜きで少なくとも八十一人が処刑された。取調中に亡くなった住民を含めると、関連する死者は八十五人以上に及ぶ。敗戦後、軍上層部は裁判抜きで処刑したことを隠蔽する方針を決定。シンガポールの戦犯裁判でもそのまま認定された。拷問を伴う取り調べを命じ、処刑を指示した参謀は無罪、中佐は懲役三年だったのに対し、指示通りに取り調べただけで、処刑には関与していない木村ら末端の兵士・軍属五人が、拷問により住民を死なせたなどとして、旅団長の斎俊男とともに死刑とされた。スパイの物的証拠は存在せず、スパイ事件そのものが虚構だった可能性もある。

目次

きけ　わだつみのこえ

木村久夫「もう一通の遺書」全文

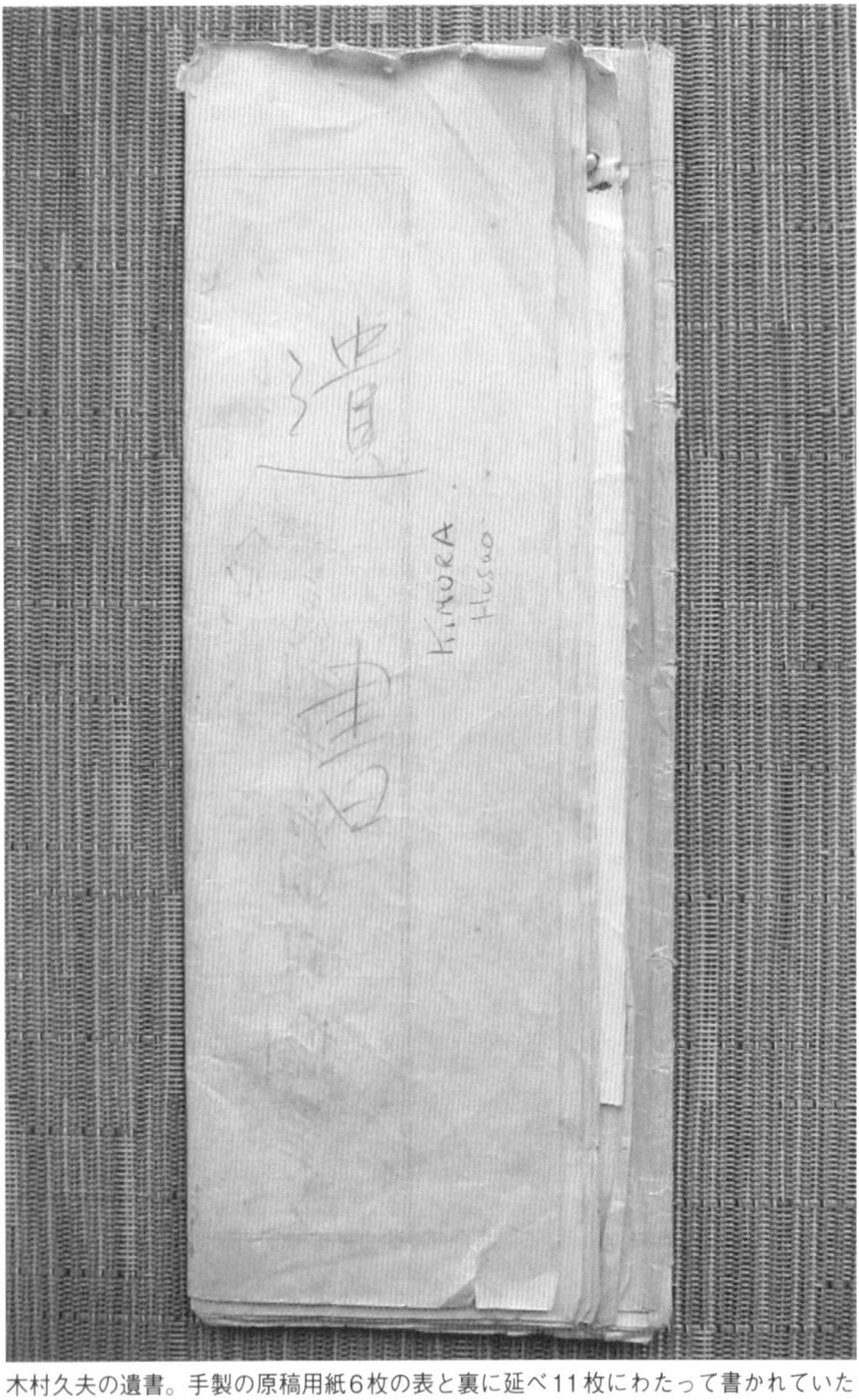

木村久夫の遺書。手製の原稿用紙6枚の表と裏に延べ11枚にわたって書かれていた

留守担当者
　大阪府吹田市大字佐井寺四〇二九　父　木村久[1]

遺品
一、遺書
一、英和辞典（これは倉庫にある背嚢《はいのう》の中にあり、これは内地より持ってきた唯一の品
　なるをもってできるだけご配慮ください）
一、メガネ

所属部隊　第三十六旅団岡野部隊花岡隊

留守担当者　大阪府吹田市大字佐井寺　木村久

遺書　木村久夫

いまだ三十歳に満たざる若き生命を持って老いたる父母に遺書を捧《ささ》げるの不孝をお詫《わ》びする。いよいよ私の刑が施行されることになった。絞首による死刑である。戦争が終了し戦火に死ななかった生命を今ここにおいて失っていくことは惜しみても余りあることであるが、これも大きな世界歴史の転換のもと国家のために死んでいくのである。よろしく父母は、私は敵弾に当たって華々しい戦死を遂げたものと諦めてくれ。私が刑を受くるに至った事件[2]の内容については、福中英三氏[3]に聞いてくれ。ここで述べることを差し控える。

父母はその後お達者であるか。孝子《こうこ》[4]は達者か。孝ちゃんはもう二十二歳になるんですね。立派な娘さんになっているんでしょうが、一目見れないのは残念です。早く結婚して私の家を継いでください。私のいない後、父母に孝養を尽くせるのは貴女だけですから。私は随分なお世話を掛けて大きくしていただいて、いよいよ孝養も尽くせるという時になってこの始末です。これは大きな運命で、私のような者一個人ではいかんともなしえないことでして、全く諦めるより外に何もないのです。言えば愚痴はいくらでもあるのですが、すべてが無駄です。止《よ》しましょう。大きな爆弾に当たって跡形なく消え去ったのと同じです。

こうして静かに死を待ちながら座っていると、故郷の懐かしい景色が次から次へと浮かんできます。分家の桃畑から佐井寺の村を下に見下ろした、あの幼な時代の景色は今も目にありありと浮かんできます。谷さんの小父《おじ》さんが下の池でよく魚釣りをしておられました。ピチピチと鮒《ふな》が糸にかかって上がってくるのもありありと思い浮かべることができます。家のお墓も思い出します。そこからは遠くに吹田の放送局や操車場の広々とした景色が見えましたね。またお盆の時、夜お参りして、遠くの花壇で打ち上げられる花火を遠望したことも思い出します。

　またお墓の前には柿の木がありましたね。今度帰ったらあの柿を食ってやります。御先祖の墓があって祖父、祖母の石碑がありますね。子供の頃、この新しい祖母の横に建てられる次の新しい墓は果たして誰の墓であろうかと考えたことがありますが、お祖母《ばあ》さんの次に私のが建つと

大阪府吹田市にある木村家の墓所。小高い丘の上にあり、吹田の街が見渡せる

は、その時は全く考え（が）及びませんでした。お祖父《じい》様、お祖母様と並んで、下の美しい景色を眺め、柿を食ってやりましょう。

思い浮かびましたからついでにお願いしておきますが、私の葬儀などはあまり盛大にやらないでください、ほんの野辺の送りの程度で結構です。盛大はかえって私の気持ちに反します、またお供え物なども慣習に反するでしょうが、美味《うま》そうな洋菓子や美しい洋花をどっさりお供えください。私はどこまでも晴れやか明朗でありたいです。

次に思い出すのは何を言っても高知です。境遇および思想的に最も波乱に富んだ時代であったから、思い出も尽きないものがある。新屋敷の家、鴨《かも》ノ森、[5]高等学校、[6]堺町、猪野々《いのの》[7]、思いは走馬燈《そうまとう》のごとく走り過ぎていく。塩尻、[8]徳田、[9]八《やつ》波《なみ》[10]の三先生はどうしておられるであろう。私のことを聞けば、きっと泣いてくださるであろう。随分なお世話を掛けた。

私が生きていれば思い尽きない方々なのであるが、何の御恩返しもできずして遥《はる》か異郷で死んでいくのは残念だ。私のすべてが芽生えたのはこの時であったのであるが、それも数年とは続かなかった。せめて一冊の著述でも出来得るだけの時間と生命とが欲しかった。これが私の最も残念とするところである。私が出征する時に言い遺《のこ》してきたように、私の蔵書は全部塩尻先生の手を通じて高等学校に寄贈してくれ。学校の図書が完備されていないことは私がつとに痛感していたところであった。私の図書の寄贈によってかなりの補備ができるものと信ずる。若き社会科学者の輩出のため少しなりとも尽くすところあらば、私の希望は満たされる。（ただし孝子の婿に当たる人がやはり経済学者として一生を志す人ならば、もちろんその人のため必要ならば蔵書の全部を捧げても良い）

塩尻先生にはことによろしくお伝えしてくれ。先生より頂戴したご指導とご厚意はいつまでも忘れず、死後までも持ち続けていきたいと思っている。

短歌を久しぶりに詠んでみた。いずれもが私の辞世である。

○つくづくと幾起き臥《ふ》しのいや果《はて》の此《こ》の身悲しも夜半に目覺めつ。

○雨音に夏虫の鳴く声聞けば母かとぞ思ふ夜半に目覺めつ。

○悲しみも涙も怒りも盡《つ》き果てし此の侘《わび》しさを持ちて死なまし。

○みんなみの露と消え征《ゆ》く生命《いのち》もて朝粥《あさがゆ》すゝる心かなしも。

○現《うつ》し世の名残りと思ひて味ひぬ一匙《さじ》の菜一匙の粥。

○朝粥をすゝりつ思ふ故里《ふるさと》の父よ赦《ゆる》せよ母よ嘆くな。

○友の征く読経の声聞き乍《なが》ら己の征く日を指屈《お》りて待つ。

○紺碧《こんぺき》の空を名残りに旅立たむ若き生命よさらばさらばと。

○故里の母を想へば涙しぬ唇嚙みてじつと眼を閉づ。

すべての望みが消え去った時の人間の気持ちは、実に不可思議なものである。いかなる現世の言葉をもってしても表し得ない、すでに現世より一歩超越したものである。なぜか死の恐ろしさも解《わか》らなくなった。すべてが解らない、夢でよく底の知れない深みへ落ちていくことがあるが、ちょうどあの時のような気持ちである。

死刑の宣告を受けてから、図らずもかつて氏の講義を拝聴した田辺元博士の

『哲学通論』を手にし得た。私はただただ読みに読み続けた。そして感激した。

　私はこの書を幾度か諸々《もろもろ》の場所で手にし、愛読したことか。下宿の窓で、学校の図書館で、猪野々の里で、洛北白川の下宿で、そして今また遠く離れた昭南[11]の監獄の一独房で。しかし場と時とは異なっていても、私に与えてくれる、感激は常にただ一つであった。私は独房の寝台の上に横たわりながら、この本を抱き締めた。私が一生の目的とし、理想としていた雰囲気に再び接し得た喜びであった。私にはせめての最後の憩いであり、慰めであった。私は戦終わり、再び書斎に帰り、学の精進に没頭し得る日を幾年待っていたことであろうか。

　しかしすべてが失われた。私はただ新しい青年が、私たちに代わって、自由な社会において、自由な進歩を遂げられんことを地下より祈るを楽しみとしよう。マルキシズムも良し、自由主義もよし、いかなるものも良し、すべてがその根本理論において究明され解決される日が来るであろう。真の日本の発展はそこから始まる。すべての物語が私の死後より始まるのは、誠に悲しい。

一津屋のお祖母様12はお元気だろうか。私に唯一人の生きた祖母である。本当に良い、懐かしいお祖母様だ。南に征《ゆ》く日にも会って来た。良く最後一目でもお会いしてきたこと、今となって懐かしく思っている。今日まで一口も言葉には出さなかったが、私は幼少の時分より長くこの祖母に家のことで随分ご心配を掛けたことを知っている。私が一人前になれば、早くあのご恩の幾分なりとも返したいと常に念願していたのであるが駄目であった。今はその志だけを述べて、それに代える。それから重雄叔父様を始め一族の方々名残は果てしない人ばかりである。

○慾も捨て望も總《すべ》て絶へたるになほ此のからだ生ける悲しき。

○明日の日は如何《いか》なる郷《くに》へ行くならむ極楽と言ひ地獄と言ふも。

私の死したる後、父母がその落胆のあまり途方に迷われることなきかを最も心配している。戦争の終わりたる今となって死んでいく不孝はどこまでもお詫《わ》びせねばならないが、思い巡らせば、私はこれで随分武運（が）強かったのである、印度洋の最前線、しかも敵の反抗の最も強烈なりし二ケ年、随分これで生命の最後かと自ら諦めた危険もあったのである。

それでも擦り傷一つ負わなかった。神もできるだけ私を守ってくださったのであると考えたい。父母は、私は既にその時に死んだものと諦めていただきたい。諦めなければこの私自身が父母以上にもっと悲しいのである。私の死についてはできるだけ多く私の友人知人に通知してくれ。

降伏後の日本は随分変わったことだろう。思想的に、政治、経済機構的にも随分の試練と経験と変化とを受けるであろうが、そのいずれもが見応えのある一つ一つであるに相異ない。その中に私の時間と場所との見出《みいだ》されないのは誠に残念の至りである。しかし世界の歴史の動きはもっともっと大きいのだ。私のごとき者の存在には一瞥《いちべつ》もくれない。大山鳴動して踏み殺された一匹の蟻《あり》にしかすぎない。私のごとき者の例は、幾多あるのである。

戦火に散っていった幾多軍神もそうだ。原子爆弾で消えた人々もそうだ。かくのごときを全世界に渉《わた》って考えるとき、自ら私の死もうなずかれよう。既に死んでいった人のことを考えれば、今生きたいなどと考えるのはその人たちに対してさえ済まないような気がする。もし私が生くれば、あるいは一社会科学者として、幾分かの業績はなすかもしれない、しかしまた果たして生きてみて、ただの俗世の凡人として一生を送るかもしれない。

いまだ花弁を見せず蕾《つぼみ》のまま多くの人に惜しまれながら死んでいくのも一つの在り方であったかもしれない。自分本位の理論はこの場合止《や》めよう、今はただ世界創造神の命ずるまま死んでいくよりほかに何物もないのである。意気地ないが、これが今私の持ち得る唯一の理論だ。

○かにかくに思ひは凡《すべ》て盡《つ》きざれど學ならざるは更《さら》に悲しき。

○おのゝきも悲しみもなし絞首台　母の笑顔を抱きて征かなむ。

○夜は更けぬしんしんとして降る雨に神のお告げをかしこみて聞く。

この頃になってようやく死ということが大して恐ろしいものではなくなってきた。決して負け惜しみではない。病で死んで行く人でも死の寸前にはこのような気分になるのではないかと思われる。時々ほんの数秒の間、現世への執着がひょっくり頭を持ち上げるが直《す》ぐ消えてしまう。この分ではいよいよあの世

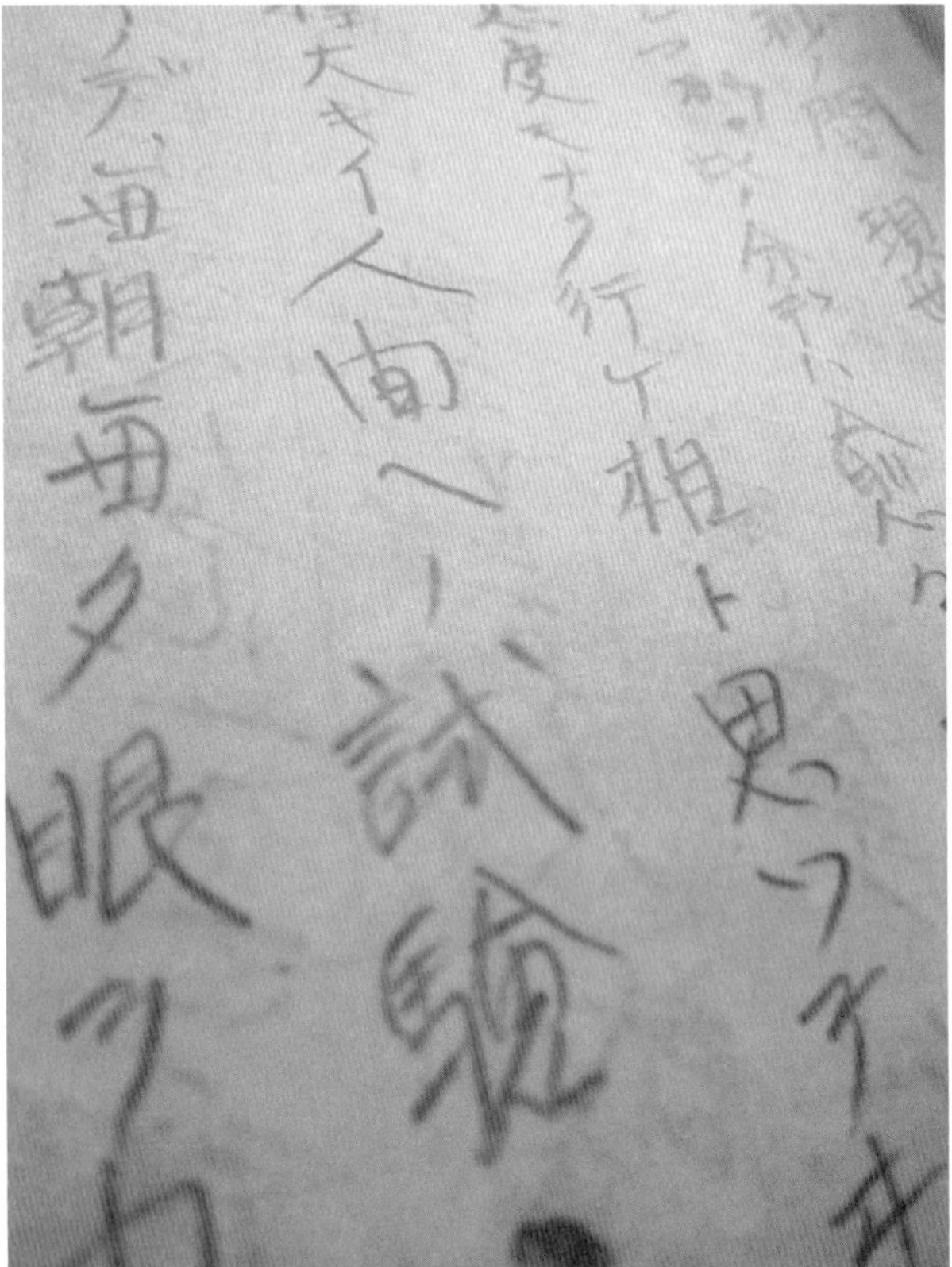

死刑のその時、どういう態度でいられるか。木村は遺書に「何を言っても一生においてこれほど大きい人間への試験はない」とつづった

へのお召しが来ても、大して見難《みにく》い態度もなく行けそうと思っている。何を言っても一生においてこれほど大きい人間への試験はない。

今では、父母妹の写真もないので、毎朝毎夕目を閉じ、昔時の顔を思い浮かべては挨拶《あいさつ》している。おまえたちも目を閉じ、大学生当時の私にでも挨拶してくれ。阿部先生13はお元気か、よろしくお伝えしてくれ。どうご挨拶申して良いか適当な言葉も思い当たらない。それから新田の叔父叔母様にもよろしく、入営直前お会いした時のお姿が思い浮かべられる。

もう書くこととて何もない、しかし何かもっと書き続けていきたい。筆の動くまま何かを書いていこう。私のことについては、以後次々に帰還する戦友たちが告げてくれるであろう。何か友より便りあるたびに遠路をいとわず戦友を訪問して私のことを聞いてくれ。私は何一つ不面目なることはしておらないはずだ。死んで行くときも立派に死んでいくはずだ。

また、よし立派な軍人の亀鑑《きかん》たらずとも、日本人としては、日本最高学府の教養を受けた日本インテリーとしては、何ら恥ずるところない行動を取ってきたはずである。ただそれだけは父母への唯一の孝行として残せると思っている。ただ私に戦争犯罪者なる汚名が図らずも下されたことがやがては孝子の縁談に、また家の将来に何かの支障を与えないかということが心配であるが、カーニコバルに終戦まで駐屯していた人ならば、誰もが皆私の身の公明正大を証明してくれることを信ずる。安心してくれ。

私の死後ただ一つ気掛かりなのは、一家仲良く暮らしていってくれるかどうかということである。私の記憶にある一家というものは、残念ながら決して相和したものではなかった。私が死に臨んで思い浮かべる父の顔というものは必ずしも朗らかな父の笑顔でないということは、悲しみて余りあるものがある。この私の死を一転機として、私への唯一の供養として、今後の一家を明朗な一家として送られんことをお祈りする。

不和はすべての不幸不運の基である。因縁論者ではないが、このたびの私の死も、その遠因の一分でもあるいはそこから出ているのではないかと考えられないこともないのである。新時代への一家繁栄の基である将来のため、一家和合をその「モットー」としてやっていただきたい。ことさらに死に当たって父に求むる一事である。

死ねば、祖父母にもまた、一津屋の祖父にも会えるであろう。また図らずも戦死していた学友にも会えることであろう。あの世で、それらの人々と現世の思い出語りをしよう。今はそれを楽しみの一つとして死んでいくのである。また世人の言うように出来得んものならば、蔭《かげ》から父母や妹夫婦を見守っていこう。常に悲しい記憶を呼び起こさしめる私であるかもしれないが、私のことも思い出して日々の生活を元気づけていただきたい。

誰か「ドイツ」人の言葉であったか思い出した。

『生まれざらんこそよなけれ、生まれたらんには生まれし方へ急ぎ帰るこそ願わしけれ』

私の命日は昭和二十一年五月二十三日なり。

私の遺品もじゅうぶん送れないのは残念である。しかしできるだけの機会をとらえて、多くの人に私の遺品の一部ずつを頼んだ。その内の幾つかは着くであろう。英和、和英辞書、哲学通論、ズボン、その他である。また福中の叔父さんも私の遺品となるべきものを何か持っておられるかもしれない、お尋ねしてくれ。遙《はる》か異郷において多少とも血を分けた福中氏を持ったということは不幸中の幸いであった。氏は私のために心から嘆いてくれるであろう。氏に最後お目にかかって御礼申し上げられなかったことは残念である。よろしくお伝え申してくれ。

もう書くことはない、いよいよ死に赴く。皆さま、お元気で、さようなら、さようなら。

一、大日本帝国に新しき繁栄あれかし。
一、皆々様お元気で、生前は御厄介になりました。
一、末期の水を上げてくれ。

辞世

○風も凪《な》ぎ雨も止《や》みたり爽やかに
　朝日を浴びて明日は出《い》でなむ

○心なき風な吹きこそ沈みたる
　こゝろの塵《ちり》の立つぞ悲しき

遺骨は届かない、爪と遺髪とをもってそれに代える。

処刑半時間前擱筆《かくひつ》す

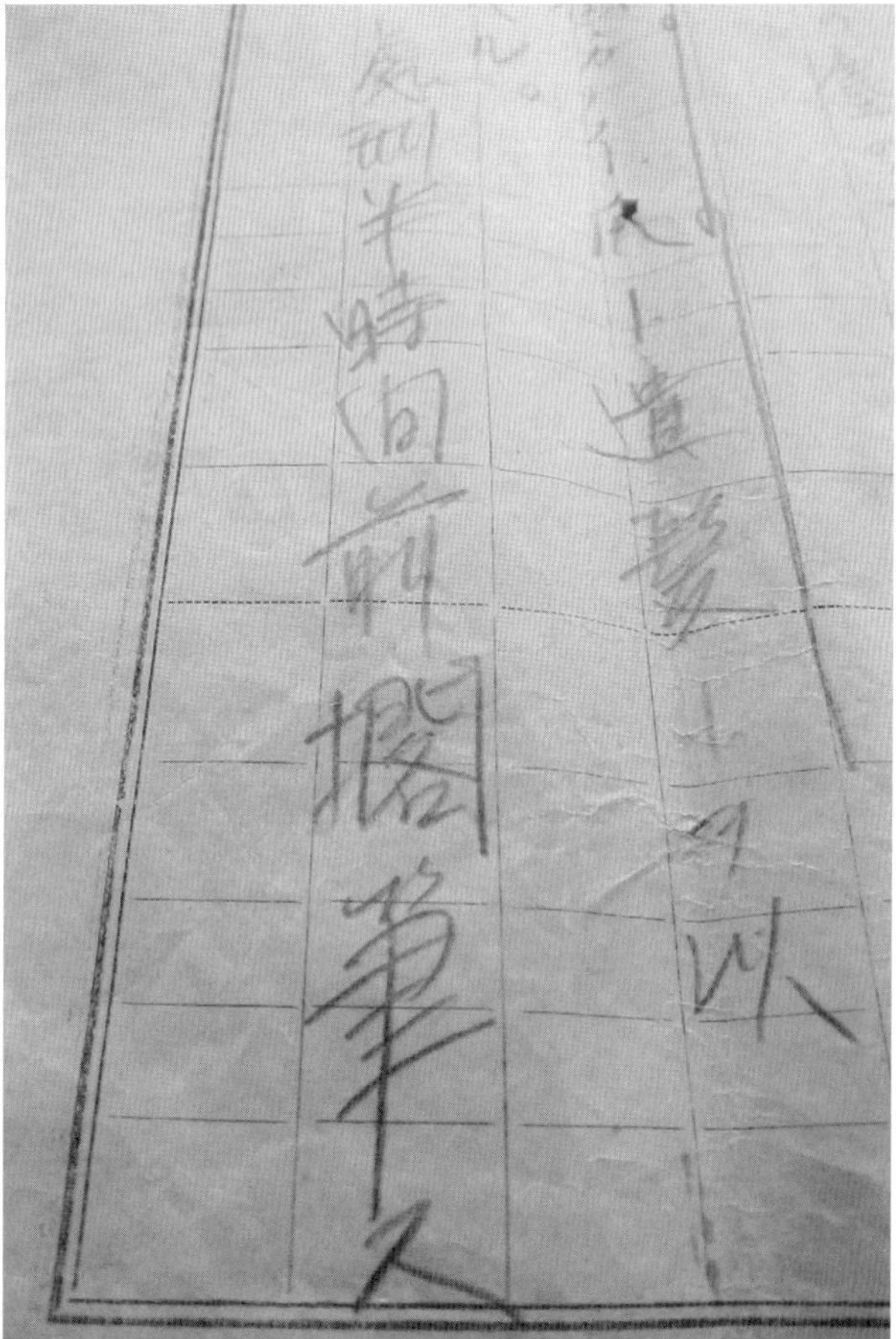

死の間際まで遺書を書き続けた木村。末尾には「処刑半時間前擱筆す（筆を置く）」とあった

1 木村久（1893～1963）。木村久夫の父

2 スパイ容疑で取り調べた現地住民を拷問して死なせたとして、シンガポールの戦犯裁判で死刑を宣告された

3 親戚。陸軍軍医大尉として同じカーニコバルにいた

4 木村孝子（1925～）木村久夫の妹

5 旧制高知高校生が仰ぎ見たり、登ったりした高知市内の山。「鴻ノ森」の誤りとみられる

6 旧制高知高等学校（現高知大学）

7 旧制高知高校在学中によく滞在した高知県香美郡（現香美市）の温泉

8 塩尻公明（1901～69）。最も慕っていた旧制高知高校時代の恩師。後に「或《あ》る遺書について」を著し、木村の遺書を紹介した

9 徳田弥《わたる》（1902～82）。旧制高知高校時代の恩師

10 八波直則（1909～91）。旧制高知高校時代の恩師

11 シンガポールの当時の呼び名

12 母方の祖母

13 阿部孝（1895～1984）。旧制高知高校時代の恩師。宮沢賢治の幼なじみ

『哲学通論』の余白に書かれた遺書

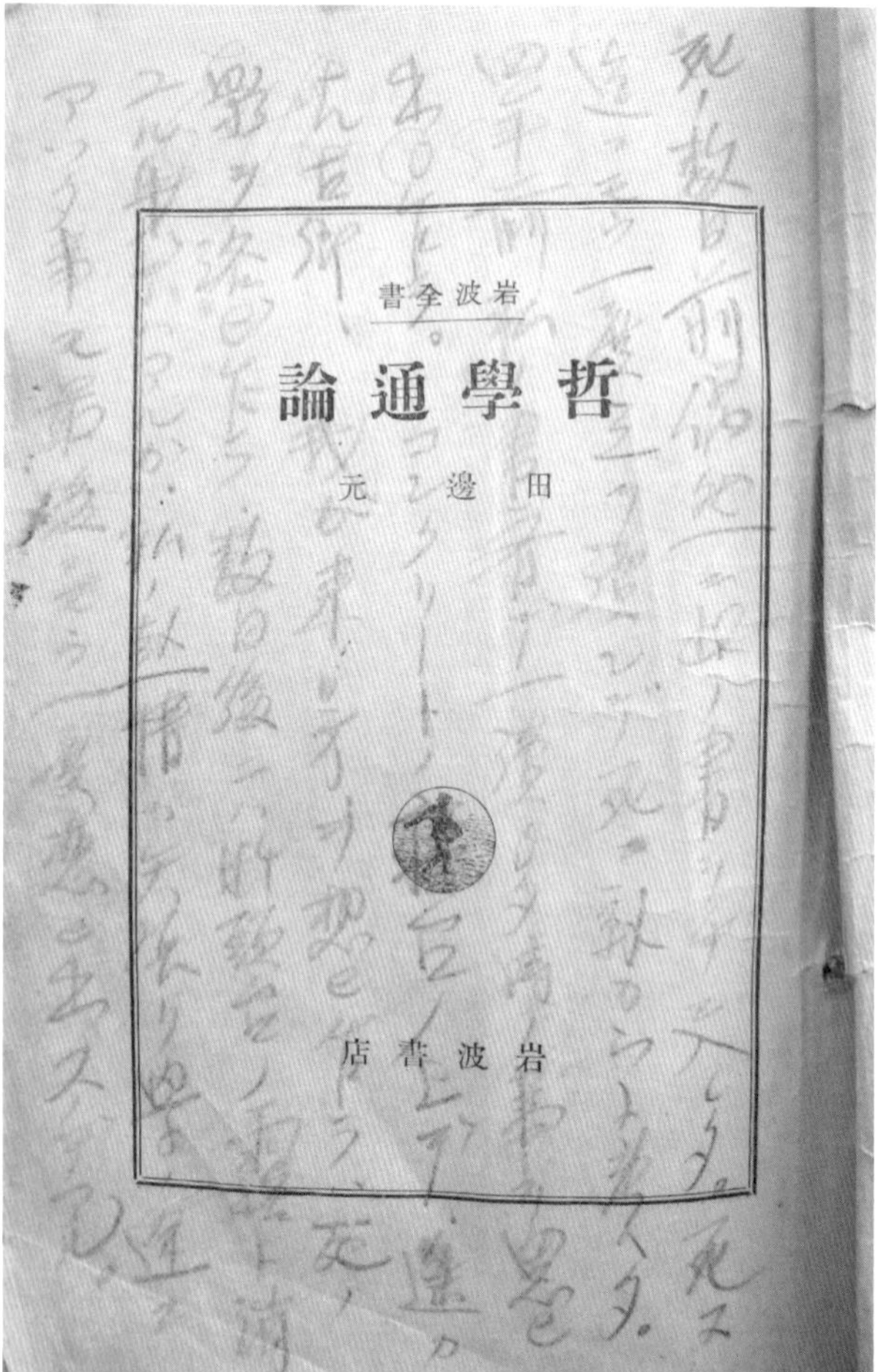

遺稿がつづられた岩波全書版の田辺元『哲学通論』。その扉にもびっしりと書きこみが残っている

死の数日前、偶然にこの書を手に入れた。死ぬまでにもう一度これを読んで死に就こうと考えた。四年前、私の書斎で一読した時のことを思い出しながら。コンクリートの寝台の上で、遙かなる古里、わが来し方を想いながら、死の影を浴びながら。数日後には断頭台の露と消ゆる身ではあるが、私の熱情はやはり学の道にあったことを最後にもう一度想い出すのである。

この書に向かっていると、どこからともなく湧き出ずる楽しさがある。明日は絞首台の露と消ゆるやもしれない身でありながら、尽きざる興味にひきつけられて、本書の三回目の読書に取り掛かる。

昭和二十一年四月二十二日

私はこの書を充分理解することができる。学問より離れて既に四年、その今日においてもなお、難解をもって著名な本書をさしたる困難なしに読み得る今の私の頭脳をわれながらありがたく思うとともに、過去における私の学的生活の精進を振り返って楽しく味あるものとわれながら喜ぶのである。

かつて読みし博士の著書「科学と哲学との間」を思い出す。

此《こ》の世への名残りと思ひて味ひぬ一匙《ひとさじ》の菜一匙のかゆ

私の死に当っての感想を断片的に書き綴っていく。紙に書くことを許されない今の私にとってはこれに記すより他に方法はないのである。私は死刑を宣告された。誰がこれを予測したであろう。

つくづくと幾起き臥《ふ》しのいや果《はて》の我が身悲しも夜半に目覚めつ

年齢三十に至らず、かつ学半ばにして既にこの世を去る運命、誰が予知し得たであろう。波乱極めて多かりし私の一生もまた波乱の中に沈み消えていく。何かしら一つの大きな小説のようだ。しかし、すべて大きな運命の命ずるところと知った時、最後の諦観が湧いてきた。

紺碧の空を名残りに旅立たむ若き生命《いのち》よいまやさらばと

大きな歴史の転換の陰には、私のような陰の犠牲が幾多あったものなることを過去の歴史に照らして知る時、全く無意味ではあるが、私の死も大きな世界歴史の命ずるところなりと感知するのである。

朝がゆをすゝりつ思ふ古郷の父よ嘆くな母よ許せよ

日本は負けたのである。全世界の憤怒と非難との真っただ中に負けたのである。日本は無理をした。非難さるべきことも随分としてきた。全世界の怒るも無理はない。
世界全人の気晴しの一つとして、今私は死していくのである。否、殺されていくのである。これで世界の人の気持ちが少しでも静まればよいのである。それは将来の日本の幸福の種を残すことだ。

かにかくに凡《すべ》て名残りは盡《つ》きざれど學成らざるは更《さら》に悲しき

私は何ら死に値する悪はしたことはない。悪を為したのは他の人である。しかし今の場合、弁解は成立しない。江戸の仇を長崎で討たれたのであるが、全世界からしてみれば、彼も私も同じく日本人である。すなわち同じなのである。

思ふこと盡きて更には無けれども唯安らけく死にて行かまし

彼の責任を私が取って死ぬ。一見大きな不合理ではあるが、これの不合理は、過去やはり我々日本人が同じくやってきたのであることを思えば、やたら非難は出来ないのである。彼らの目に留った私が不運なりとしか、これ以上理由の持って行きどころはないのである。

みんなみの露と消え行く生命《いのち》もて朝かゆすゝる心かなしも

日本の軍隊のために犠牲になったと思えば死に切れないが、日本国民全体（へ）の罪と非難を一身に浴びて死ぬのだと思えば腹も立たない。笑って死んでいける。

音もなく我より去りし物なれど書きて偲びぬ明日《あす》と言ふ字を

日本の軍人、ことに陸軍の軍人は、私たちの予測していた通り、やはり国を

『哲学通論』の余白に書かれた遺書

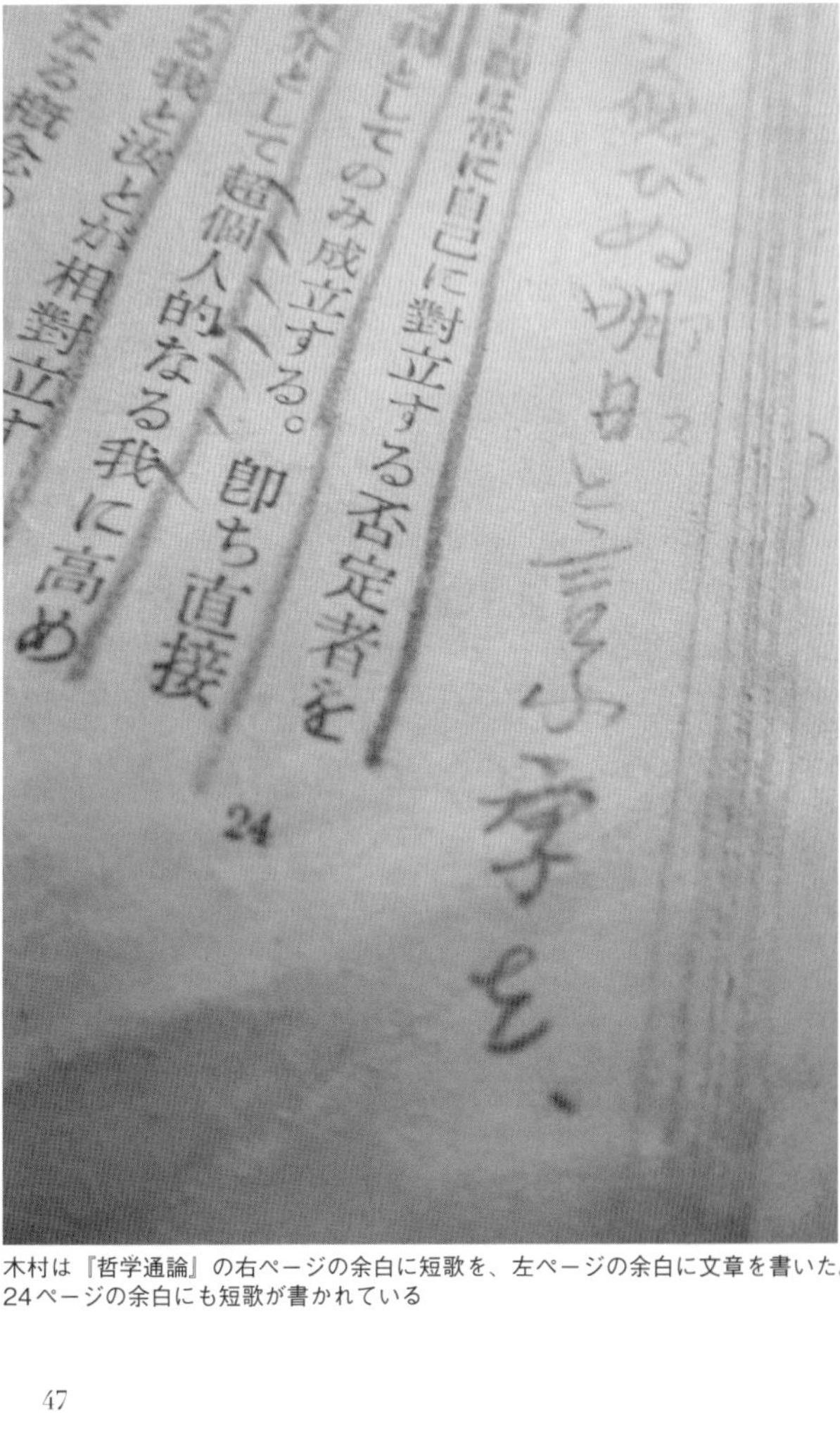

木村は『哲学通論』の右ページの余白に短歌を、左ページの余白に文章を書いた。24ページの余白にも短歌が書かれている

亡《ほろ》ぼしたやつであり、すべての虚飾を取り去れば、私欲そのもののほかは何ものでもなかった。今度の私の事件においても、最も態度の賤しかったのは陸軍の将校連中であった。これに比ぶれば、海軍の将校は

雨音に鳴く夏虫の声聞きて母かとぞ思ふ夜半に目覚めつ

まだ立派であったと言ひ得る。大東亜戦以前の陸海軍人の態度を見ても容易に想像されるところであった。陸軍軍人は、あまり（に）俗世に乗り出しすぎた。彼らの常々の広言にもかかわらず、彼らは最も賤《いや》しい世俗の権化となっていたのである。それが終戦後、明瞭に現れてきた。生、物に吸着したのは陸軍軍人であった。

かすかにも風な吹き来そ沈みたる心の塵《ちり》の立つぞ悲しき

大風呂敷が往々にして内容の貧弱なものなることは、わが国陸軍がその好例であるとつくづく思われた。

わが国民は今や大きな反省をしつつあるだろうと思う。その反省が、今の逆境が、明るい将来の日本に大きな役割を与えるであろう。これを見得ずして死するは残念であるが、世界歴史の命ずるところ、しょせん致し方がない。

悲しみも涙も怒りも盡き果てし此のわびしさを持ちて死なまし

このたびの私の裁判においても、また判決後においても、私の身の潔白を証明すべく、私は最善の努力をしてきた。しかし私があまりにも日本国のために働きすぎたるがため、身は潔白であっても責めは受けなければならないのである。

ハワイで散つた軍神も今となっては世界の法を犯した罪人以外の何者でもなかったと同様、ニコバル島駐屯軍のために敵の諜者を発見し、当時は全島の感謝と上官よりの讃辞を浴び、

明日と言ふ日もなき生命抱きつも文よむ心盡《つ》くることなし

――田辺氏の書を再読して――

方面軍よりの感状を授与されるやもしれずとまで言われて（い）た私の行為も、一カ月後に起こった日本降伏のため、かえって結果は逆になった。当時の事情

は福中英三氏が良く知っている、聞いてくれ。日本国に取り効となったことも、価値判断の基準の変った今日においては仇となるも、これは私たちの力をもってしては、いかんとも致し方ない。

故里の母を思ひて涙しぬ唇かみてじつと眼を閉づ

すべての原因は、日本降伏にある。しかし、この日本降伏が全日本国民のために必須なる以上、私一個人の犠牲のごときは涙を飲んで忍ばねばならない。苦情を言うなら、敗戦を判っていながら、この戦を起こした軍部に持っていくより仕方はない。しかし、またさらに考えを致せば、満州事変[1]以後の軍部の行動を許してきた、全日本国民にその遠い責任があることを知ら

眼を閉ぢて母を偲《おも》へば幼な日の懐《いと》し面影消ゆる時なし

なければならない。

日本はすべての面において、社会的、歴史的、政治的、思想的、人道的、試練と発達が足らなかったのである。すべてわれが他より勝れりと考え、また考えせしめたわれわれの指導者及びそれらの指導者の存在を許してきた日本国民の頭脳にすべての責任がある。

思ひでは消ゆることなし故郷の母と眺めし山の端の月

日本はすべての面において混乱に陥るであろう。しかしそれで良いのだ。かつてのごとき今のわれに都合の悪きもの、意に添わぬものはすべて悪なりとして、腕力をもって、武力をもって排斥してきたわれわれの態度の行くべき結果は明白であった。

今やすべて武力、腕力を捨てて、すべての物を公平に認識、吟味、価値判断することが必要なのである。そして、これが真の発展をわれわれに与えてくれるものなのである。

遠国《とほくに》に消ゆる生命の淋しさにまして嘆かる父母のこと

すべてのものをその根底より再吟味するところに、われわれの再発展がある。ドグマ的なすべての思想が地に落ちた今後の日本は幸福である。それを見得ないのは全く残念至極であるが、私にさらに、もっともっと立派な、頭の聡明な人がこれを見、かつ指導していってくれるであろう。何を言っても日本は根底から変革し、構成し直されなければならない。若き学徒の活躍を祈る。

父母よ許し給へよ敗れたる御国のために吾は死すなり

私の蔵書はすべて、恩師塩尻先生の指示により処分してくれ。私の考えとしては高等学校に寄贈するのが最も有効なのではないかと考える。塩尻、八波、徳田、阿部の四先生には必ず私の遺品の何かを差し上げてくれ。塩尻先生の著「天分と愛情の問題」を地の遠隔なりしため、今日の死に至るまで一度も拝読し得なかつたことはくれぐれも残念である。

指を嚙み涙流して遙かなる父母に祈りぬさらばくと

孝子《こうこ》を早く結婚させてやってくれ。私の死により両親並びに妹が落胆甚しく、一家の衰亡に趣かんことを最も恐れる。母よ落胆すな、父よ落胆すな。そして父よ、母に対してやさしくあれ。私が父に願うことは、これだけである。そしてこれこそ死んでも忘れられないただの一事である。願う。

詩境もて死境に入るは至境なり斯境なからば悲境なりけり

——狂歌——

私の葬儀など簡粗にやってくれ、盛大はかえって私の気持ちを表わさないものである。

墓石は祖母の横に建ててくれ、私が子供の時、祖母の次に建つ石碑は誰のであろうかと考えたことがあったが、この私のそれが建つなどとは、この私にも想像はつかなかった。しかし、これはあくまで一つの大きな世界の歴史の象徴であろう。墓の前の柿の果、それを私が食う時がやがて来るであろう。

われわれ罪人を看視しているのは、もとわが軍に俘虜たりしオランダ軍兵士である。かつて日本兵士より大変なひどい目に遭わされたとかで、われわれに対するしっぺ返しは大変なものである。撲る、蹴るは最もやさしい部類である。しかしわれわれ日本人もこれ以上のことをやっていたのを思えば文句は出ない。

かえって文句をぶつぶつ言う者に陸軍の将校の多いのは、かつての自己を棚に上げた者で、われわれ日本人にさえもっともだと言う気は起らない。一度も俘虜を使ったことのない、また一度もひどい行為をしたことのない私が、かような所で一様に扱われるのは全く残念ではあるが、しかし、向う側よりすれば私も他も同じ日本人である。区別してくれと言う方が無理かもしれぬ。

しかし天運なのか、私は一度も撲られたことも蹴られたこともない。大変皆々から好かれている。われわれの食事は朝米粉の糊と夕方に「かゆ」を食う二食で、一日中腹ぺこぺこで、やっと歩けるくらいの精力しかないのである。しかし私は大変好かれているのか、看視の兵隊がとても親切で、夜分こっそりとパン、ビスケット、煙草などを持ってきてくれ、昨夜などはサイダーを一本持ってきてくれた。私は全く涙が出た。物に対してよりも親切に対してである。

その中の一人の兵隊が、あるいは進駐軍として日本へ行くかもしれぬと言うので、今日私は、私の手紙を添えて私の住所を知らせた。可能性は薄いが、この兵隊が、私の言わば無実の罪に非常に同情し、親切にしてくれるのである。大局的には徹底的な反日の彼らも、かく個々に接しているうちには、かように親切な者も出てくるのである。やはり人間だ。

この兵士は、戦前はジャワの中学校の先生で、わが軍に俘虜となっていたのであるが、その間、日本の兵士より撲る蹴る、焼くの虐待を受けた様子を詳しく語り、その人にはなぜ日本兵士には撲る蹴るなどのことがあれほど平気でできるのか全く理解ができないと言っていた。私は日本人全般の社会教育、人道教育が低く、かつ社会的試練を充分に受けていないからかくある旨をよく説明しておいた。また彼には日本婦人の社会的地位の低いことが大変な理解できぬことであるらしい。つまらぬこれらの兵士からでも、全く不合理と思えることが、日本では平然と何の反省もなく行われていることを幾多指摘されるのは、全く日本に取って不名誉なことである。彼らがわれわれより進んでいるとは決して言わないが、真赤《まっか》な不合理が平然と横行するまま許して来たのは、何と言ってもわれわれの赤面せざるべからざるところである。

単なる撲《なぐ》るということからだけでも、われわれ日本人の文化的水準が低いとせざるべからざる諸々《もろもろ》の面が思い出され、また指摘されるのである。

ことに軍人社会、およびその行動が、その表向きの大言壮語にかかわらず、本髄は古い中世的なものそのものにほかならなかったことは、反省し全国民に平身低頭、謝罪せねばならぬところである。

吸う一息の息、吐く一息の息、食う一匙《さじ》の飯、これらの一つ一つのすべてが、今の私に取っては現世への触感である。昨日は一人、今日は二人と絞首台の露と

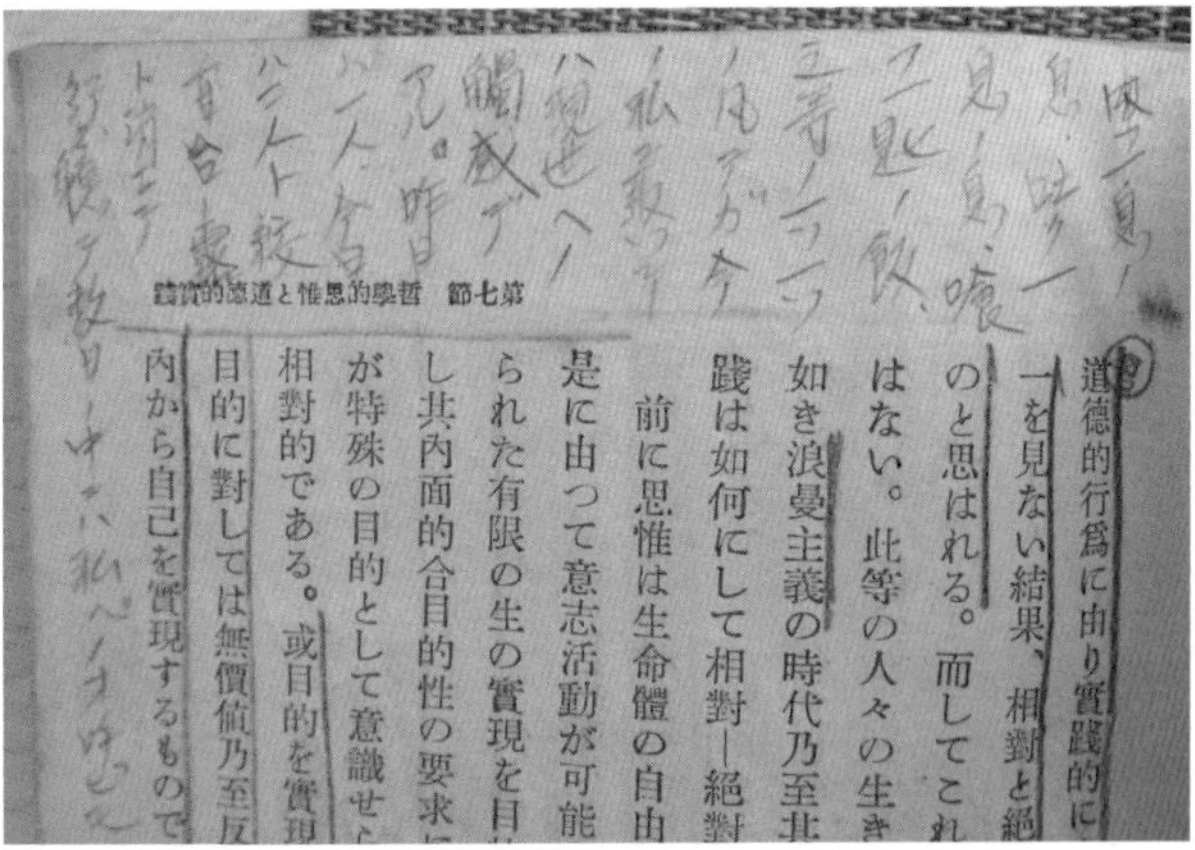

獄中の木村は、息の一息、食事の一匙にも生命を感じていた。『哲学通論』の遺書にも、その気持ちをつづっている

消えて行く、やがて数日のうちには、私へのお呼びもかかって来るであろう。それまでに味わう最後の現世への触感である。今までは何の自覚なくして行ってきたこれらのことが、味わえばこれほど切なる味を持ったものなることを痛感する次第である。

口に含んだ一匙の飯が何とも言い得ない刺激を舌に与え、かつ溶けるがごとく、喉から胃へと降りていく触感に目を閉じてじっと味わう時、この現世のすべてのものを、ただ一つとなって私に与えてくれるのである。泣きたくなることがある。しかし涙さえもう今の私には出る余裕はない。極限まで押し詰められた人間には何の立腹も、悲観も涙もない。ただ与えられた瞬間瞬間をただありがたく、それあるがままに、享受していくのである。死の瞬間を考える時にはやはり恐ろしい、不快な気分に押し包まれるが、そのことはその瞬間が来るまで考えないことにする。そしてその瞬間が来た時は、すなわち死んでいる時だと考えれば、死などは案外易しいものなのではないかと自ら慰めるのである。

私がこの書を死の数日前、図らずも入手するを得た。[2] 偶然にこれを入手した私は、死までにもう一度これを読んで死にたいと考えた。数年前私がいまだ若き学徒の一人として社会科学の基本原理への欲求盛んなりし時、その一助として、この田辺氏の名著を手にしたことがあった。何分有名なほど難しい本であったので、非常な労苦を排して一読せしことを憶えている。その時は洛北白川の一書斎であったが、今は遙か故郷を離れた昭南の、しかも、監獄の冷たいコンクリートの寝台の上である。

難解ながら生の幕を閉じる寸前、この書を再び読み得たということは、私に最後の楽しみと憩いと、情熱とを再び与えてくれるものであった。

数ケ年の非学究的生活の後に初めてこれを手にし、一読するのであるが、何だかこの書の一字一字の中に昔の野心に燃えた私の姿が見出されるようで、誠に懐かしの感激に打ち閉ざされた。

世界的名著はいつどこにおいても、またいかなる状態の人間にも、燃ゆるがごとき情熱と憩いとを与えてくれるものである。

私はすべての目的、欲求とから離れて、一息のもとにこの書を一読した。そしてさらにもう一読した。何とも言い得ない、すべての欲求から離れて、すがすがしい気持ちであった。私に取っては死の前の読経にも比さるべき感覚を与えてくれた。かつてのごとき学求への情熱に燃えた快味ではなくして、すべてあらゆる形容詞を否定した、乗り越えた、言葉では表し得ない、すがすがしい感覚を与えてくれたのである。

書かれたものが遺言書ならば、私はこの書を、書かれざる、何となく私と言うものを象徴してくれる最適のものとして、この書を記念として残すのである。私がこの書に書かれている哲理をすべて理解了解したと言うのではない。むしろ、この書の内容からはもっと距離があるかもしれないが、私の言いたいことは、私がこの書を送る意味は、本著者田辺氏が本書を書かんと筆を取られたその時の氏の気分が、すなわち私が一生を通じて求めていた気分であり、そして私がこの書を遺品として最も私を象徴してくれる遺品として、遺すゆえんである。

私の死を聞いて先生や学友が多く愛惜してくれるであろう。「きっと立派な学徒になったであろうに」と愛惜してくれるであろう。もし私が生き長らえて平々凡々たる市井の人として一生を送るとするならば、今このままここで死する方が私として幸福かもしれない。また世俗凡欲にはいまだ穢《けが》され切っていない、今の若い学究への純粋を保ったままで一生を終わる方が、あるいは美しい、潔いものであるかもしれない。

私としては生き長らえて学究への旅路を続けて行きたいのは当然のことではあるが、神の目から見て、結果論にして、今運命の命ずるままに死する方が私には幸福なのであるかもしれない。
私の学問が結局は積読《つんどく》以上の幾歩も進んだものでないものとして終わるならば、今の潔いこの純粋な情熱が、一生の中、最も価値高きものであるかもしれない。

私は生きるべく、私の身の潔白を証すべくあらゆる手段を尽くした。私は上級者たる将校連より法廷における真実の陳述をなすことを厳禁され、それがため、命令者たる上級将校が懲役、私が死刑の判決を下された。これは明らかに不合理である。私は、私の生きんことが将校たちの死よりも日本のためには数倍有益なること明白であり、また事件そのものの実情としても、これは当然命令者なる将校に責めが行くべきであり、また彼らが自分自身でこれを知れるがゆえに私に事実の陳述を厳禁したのであり、またここで生きるのが私には当然であり、至当であり、日本国家のためにも為さねばならぬことであり、また最後の親孝行でもあると思って、判決のあった後ではあるが、私は英文の書面をもって事件の真相を暴露して訴えた。上告のない裁判であり、また判決後であり、また元来から正当な良心的な裁判でないのであるから、私の真相暴露が果たして取り上げられるか否かは知らないが、

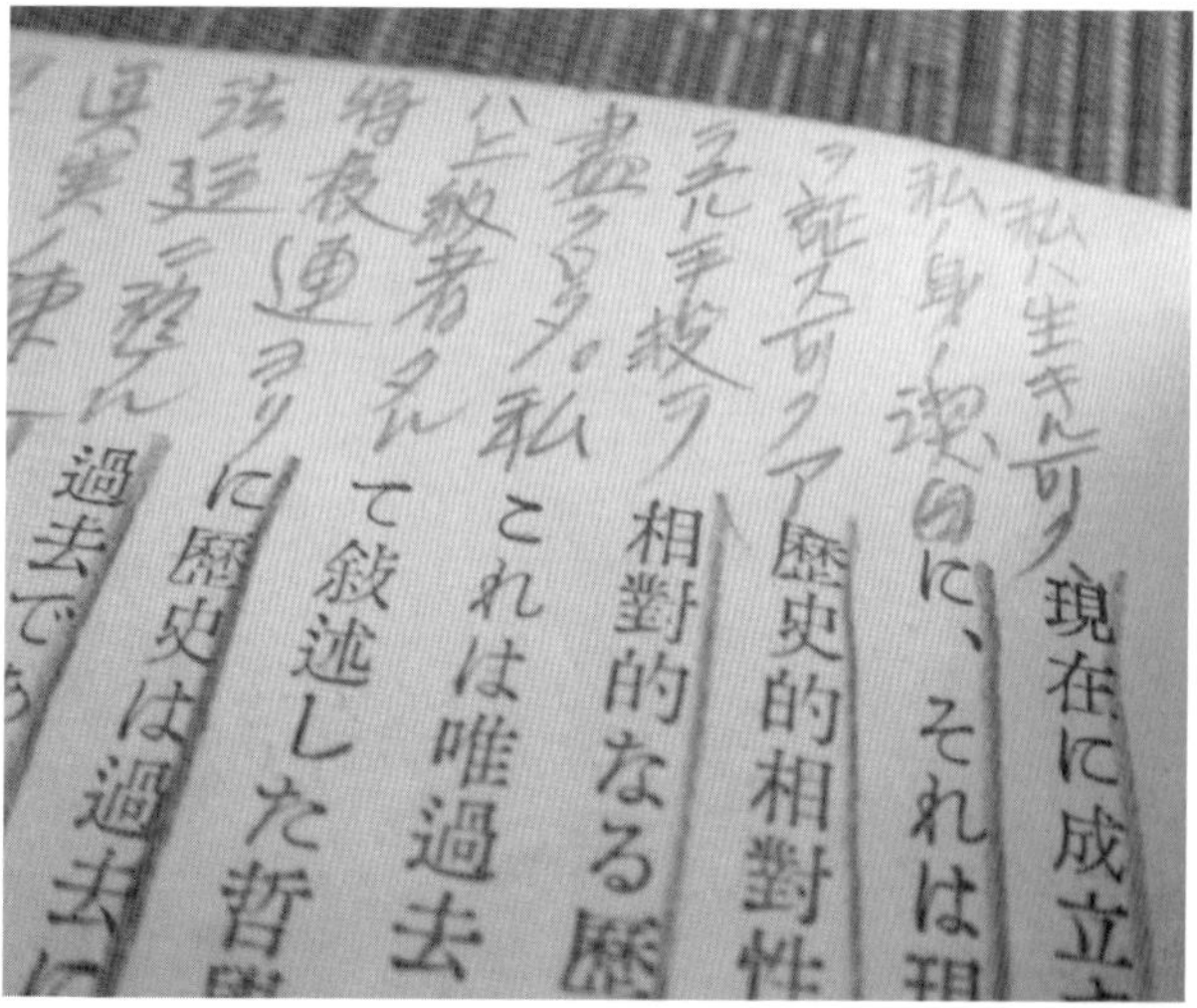

理不尽な死刑判決を受け、木村は生きるべく真相を告発する。しかし、結果を覆すことはできなかった

親に対して、国家に対しての私の最後の申し訳として最後の努力をしたのである。初め私は虚偽の陳述が日本人全体のためになるならば止むなしとして命に従つたのであるが、結果は逆に我々被命令者に仇となったので、真相を暴露した次第である。

もしそれが取り上げられたならば、数人の大佐、中佐や、数人の尉官たちが死刑を宣告されるであろうが、それが真実である以上当然であり、また彼らの死をもって、この私が救われるとするならば、国家的見地から見て私の生の方が数倍有益であることを確信したからである。

美辞麗句ではあるが内容の全くない、精神的とか称する言語を吐きながら、内面においては軍人景気に追従し、物欲、名誉欲、虚栄以外には何ものでもない、われわれ軍人が過去においてなしてきたと同様、仮に将来において生きるも何ら国家に有益なことはなし得ないこと明白なること確信するのである。

日本の軍人には偉い人もいたであろう、しかし、私の見た軍人には誰も偉い人はいなかった。早い話が高等学校の教授ほどの人物すら、将軍と呼ばれる人の中におらない。

監獄にいて何々中将少将という人に幾人も会い、共に生活しているのであるが、軍服を脱いだ赤裸の彼らは、その言動において実に見聞するに耐え得ないものである。この程度の将軍を戴いていたのでは、日本にいくら、科学、物質があったとしても、戦勝は到底望み得ないものであったと思われるほどである。

特に満州事変以後、さらには南方占領後の日本軍人は、毎日利益を追う商人よりも根底の根性は下劣なものであったと言ひ得る。木曽義仲が京へ出て失敗したのとどこか似たところのあるのは否定し得ない。

彼が常々大言壮語して止まなかった、忠義、犠牲的精神、その他の美辞麗句も、身に装う着物以外の何ものでもなく、終戦により着物を取り除かれた彼らの肌は実に見るに耐え得ないものであった。

この軍人を代表するものとして東条（英機）前首相[3]がある。さらに彼の終戦において自殺（未遂）は何たることか、無責任なること甚だしい。これが日本軍人のすべてであるのだ。


しかし国民はこれら軍人を非難する前に、かかる軍人の存在を許容し、また養ってきたことを知り、結局の責任は日本国民全般の知能程度の低かったことにあるのである。知能程度の低いことは結局、歴史の浅いことだ。歴史に二千六百有余年か何かは知らないが、内容の貧弱にして長いことばかりが自慢なのではない。近世社会としての訓練と経験が少なかったのだと言っても、今ではもう非国民として軍部からお叱りを受けないであろう。

私の高校時代の一見反逆として見えた生活は、まったくこの軍閥的傾向への追従への反発に外ならなかったのである。

私の軍隊生活において、中等学校、専門学校やどこかの私大あたりを出た将校が、ただ将校なるのゆえをもって大言壮語をしていた。私が婉曲ながら彼らの思想を是正しようとするものなら、彼らは私を「お前は自由主義者だ」と一言のもとに撥ねつけていた。彼らの言う自由主義とはすなわち「彼らに都合のよい思惑には不都合なる思想」という意味以外には何もないのである。またそれ以上のことは何も解《わか》らないのである。

軍人社会の持っていた外延的な罪悪、内包的な罪悪、枚挙すれば限りがない、それらはすべて忘却しよう、彼らもやはり日本人なのであるから。

しかし、一つ言っておきたいことは、軍人は全国民の前で腹を切る気持ちで謝罪し、余生を社会奉仕のために捧げなければならないことである。軍人が今日までなしてきた栄誉栄華は誰のお陰《かげ》だったのであるか、すべて国民の犠牲のもとになされたにすぎないのである。

労働者、出征家族の家には何も食物はなくても、何々隊長と言われるようなお家には肉でも、魚でも、菓子でも、いくらでもあったのである、――以下は語るまい、涙が出てくるばかりである。

天皇崇拝の熱の最もあつかったのは軍人さんだそうである。しかし一枚の紙を裏返せば、天皇の名を最も乱用、悪用した者はすなわち軍人様なのであって、古今これに勝る例は見ない。いわゆる「天皇の命」と彼らの言うのはすなわち「軍閥」の命と言うのと実質的には何ら変わらなかったのである。ただこの命に従わざる者を罪する時にのみ、天皇の権力というものが用いられたのである。

もしこれを聞いて怒る軍人あるとするならば、終戦の前と後における彼らの態度を正直に反省せよ。

私が戦も終わった今日に至って絞首台の露と消ゆることを、私の父母は私の運の不幸を嘆くであろう。確かに私は幸運な男とは言えないであろう。しかし、私としては神がかくも良く私をここまで御加護して下さったことを、感謝しているのである。これで最後だと自ら断念したことが幾多の戦闘の中に幾たびもあった。それでも私は擦り傷一つ負わずして今日まで生き長らえ得たのである。全く今日までの私は幸福であったと言わねばならない。

私は今の自分の不運を嘆くよりも、過去における神の厚き御加護を感謝して死んでいきたいと考えている。父母よ嘆くな、私が今日まで生き得たということが幸福だったと考えてくれ。私もそう信じて死んでいきたい。

今、図らずもつまらないニュースを聞いた。戦争犯罪者に対する適用条項が削減されて、われわれに相当な減刑があるだろうというのである。数日前、番兵からこのたび新たに規則が変わって、命令でやった兵隊の行動には何ら罪はないことになったとのニュースを聞いたのと考え合わせて、何か淡い希望のようなものが湧き上がった。しかし、これらのことは結果から見れば死に至るまでのはかない波にすぎないと思われるのである。

私が特にこれを書いたのは、人間がいよいよ死に至るまでには、いろいろの精神的変化を自ら惹起《じゃっき》していくものなることを表さんがためである。人間というものは死を覚悟しながらも、絶えず生への吸着から離れ切れないものである。

アンダマン海軍部隊の主計長をしている主計少佐内田実氏[4]は実に立派な人である。氏は年齢三十そこそこであり、東京商大[5]を出た秀才である。

なにがし将軍、司令官と言われる人さえ人間的には氏に遙か及ばない。その他軍人と称される者がこの一商大出の主計官に遙か及ばないのは、何たる皮肉か。稀を無理に好むわけではないが、日本の全体が案外これを大きくしたものにすぎなかったのではないかと疑わざるを得ないのである。

やはり書を読み自ら苦しみ、自ら思索してきた者には、しかからざる者とはどこか言うに言われぬ相異点のあるものだと痛感せしめられた。

高位高官の人々もその官位を取り去られた今日においては、少しでもものの快楽を少しでも多量に享受せんと、見栄《みえ》も外聞も考慮できない現実をまざまざ見せつけられた今時においては、全く取り返しのつかない皮肉さを痛感するのである。

精神的であり、また、たるべきと高唱してきた人々のいかにその人格の賤《いや》しきことを、われ、日本のために暗涙禁ず能《あた》わず。

明日は死すやもしれない今のわが身であるが、この本は興味尽きないものがある。三回目の読書に取りかかる。死の直前とは言いながら、この本は言葉では表し得ない楽しさと、静かではあるが真理への情熱を与えてくれる。何だか私の本性を再び、すべての感情を超越して、振り返らしてくれるものがあった。

家庭問題をめぐって随分な御厄介を掛けた一津屋の御祖母様の苦労、幼な心にも私には強く刻み付けられていた。私が一人前となれば、まず第一にその御恩返しはぜひせねばならないと、私は常々一つの希望として深く心に抱いていた。しかし、今やその御祖母様よりも早く立っていく。この大きな念願の一つを果たし得ないのは、私の心残りの大きなものの一つだ。この私の意志は妹の孝子により、ぜひ実現されんことを願う。今まで口には出さなかったが、この期に及んで特に一筆する次第である。

私の仏前、及び墓前には従来の仏花よりも、ダリヤやチューリップなどの華やかな洋花も供えてくれ。これは私の心を象徴するものであり、死後はことに華やかに明るくやっていきたい。うまい洋菓子もどっさり供えてくれ、私の頭脳にある仏壇はあまりにも静かすぎた。私の仏前はもっと明るい華やかなものでありたい。仏道に反するかもしれないが、仏たる私の願うことだ。

そして私の個人の希望としては、私の死んだ日よりはむしろ、私の誕生日である四月九日を仏前で祝ってくれ。私はあくまで死んだ日を忘れていたい。われわれの記憶に残るものはただ私の生まれた日だけであってほしい。私の一生において楽しく記念さるべき日は、入営以後は一日も無いはずだ。私の一生の中、最も記念さるべきは昭和十四年八月だ。それは私が四国の面河《おもご》の渓[6]で初めて社会科学の書をひもどいた時であり、また同時に真に学問というものの厳粛さを感得し、一つの自覚した人間として、出発した時であって、私の感激ある人生[7]はただその時から始まったのである。

この本を父母に渡すようお願いした人は上田大佐[8]である。氏はカーニコバルの民政部長であって、私が二年に渉って厄介になった人である。他のすべての将校が兵隊など全く奴隷のごとく扱って顧みないのであるが、上田氏は全く私に親切であり、私の人格も充分尊重された。私は氏より一言のお叱りも受けたことはない。私は氏より兵隊としてではなく、一人の学生として扱われた。もし私が氏に巡り会うことがなければ、私のニコバルにおいての生活はもっとみじめなものであり、私は他の兵隊が毎日やらせられたような重労働により恐らく、病気で死んでいたであろうと思われる。私は氏のおかげによりニコバルにおいては将校すらも及ばない優遇を受けたのである。これ全く氏のおかげで、氏以外の誰ものものためではない。これは父母も感謝されて良い。そして法廷における氏の態度も立派であった。

此の一書を私の遺品の一つとして送る。

昭和二十一年四月十三日、シンガポール　チャンギー監獄において読了。死刑執行の日を間近に控えながら、これがおそらくこの世における最後の本であろう。最後に再び田辺氏の名著に接し得たということは、無味乾燥たりし私の一生に最後、一抹の憩いと意義とを添えてくれるものであった。母よ泣くなかれ、私も泣かぬ。　終

紺碧の空に消えゆく生命かな

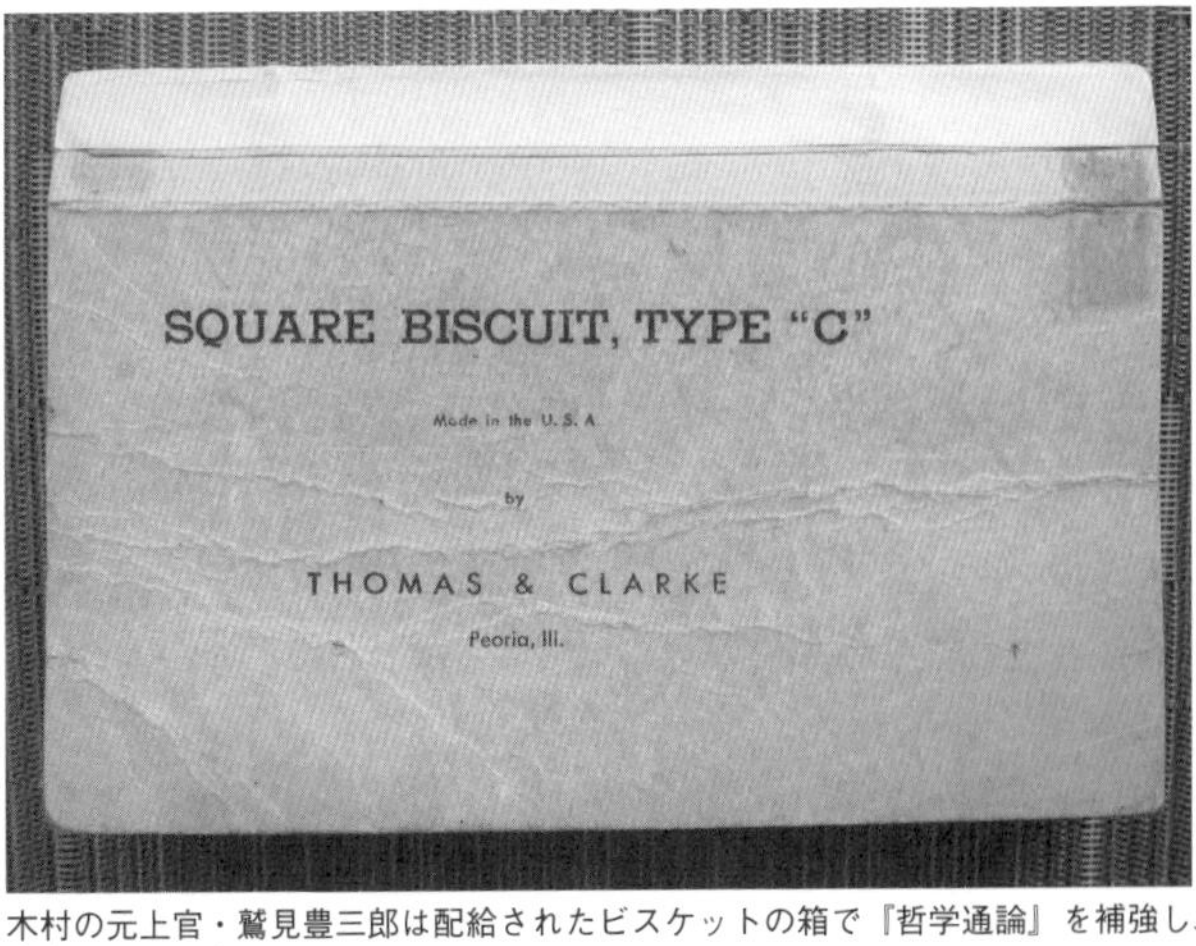

木村の元上官・鷲見豊三郎は配給されたビスケットの箱で『哲学通論』を補強し、大事にしていた

［巻末に貼り付けた紙（表）に書かれた歌］

うつし世の名残と思ひて味ひぬ一匙の菜一匙のかゆ

つくづくと幾起き臥しのいや果の此の身悲しも夜半に目覺めつ

紺碧の空も名残りに旅立たむ若き生命をいまやさらばと

朝がゆをすゝりつ思ふ古郷の父よ嘆くな母よ許せよ

かにかくに名残は凡て盡きざれど學成らざるは更に悲しき

思ふこと盡きて更には無けれども唯安らけく死にて行かまし

みんなみの露と消え行く生命もて朝がゆすゝる心かなしも

音もなく我より去りしものなれど書きて偲びぬ明日と言ふ字を

雨音に鳴く夏虫の声聞きて母かとぞ思ふ夜半に目覺めつ

［巻末に貼り付けた紙（裏）に書かれた歌］

かすかにも風な吹き来そ沈みたる心の塵の立つぞ悲しき

悲しさも涙も怒りも盡き果てし此のわびしさを持ちて死なまし

明日と言ふ日もなき生命抱きつも文読む心盡くることなし

故里の母を思ひて涙しぬ唇かみてじつと目を閉づ

眼を閉ぢて母を偲べば幼な日のいとし面影消ゆる時なし

思い出は消ゆることなし故里の母と眺めし山の端の月

遠国《とほくに》に消ゆる生命の淋しさにまして嘆かる父母のこと

父母よ許し給へよ敗れたる御国のために吾は死すなり

指を嚙み涙流して遙かなる父母に祈りぬさらばさらばと

◉『哲学通論』に書かれた遺書用の注

1　1931（昭和6）年9月18日、中華民国奉天（現在の瀋陽）郊外で、関東軍が南満州鉄道を爆破した柳条湖事件に端を発する日中の武力衝突。関東軍は爆破を中国側の行為とし、軍事行動を開始。五カ月あまりで満州全土を制圧した。日本は翌32年3月、満州国独立を宣言した

2　同じく戦犯容疑に問われた元上官の大尉・鷲見豊三郎（1917〜2009年）が持っていたものを譲ってもらった

3　東条英機（1884〜1948）。陸軍大将。首相として、太平洋戦争開戦を決断した。敗色濃厚となった1944（昭和19）年7月に退陣。戦後、A級戦犯に問われ、拳銃自殺を図ったが未遂に終わり、収監される。極東国際軍事裁判（東京裁判）で死刑が確定し、48（昭和23）年12月23日、執行された

4　内田実（1918〜46）。海軍主計少佐。インド洋アンダマン島住民をヘブロック島に移住させ死者を出した問題で戦犯に問われ、1946年5月28日、処刑された。木村と同時期にチャンギ刑務所にいた

5　現在の一橋大学

6　愛媛県久万高原町の石鎚山の麓に広がる国指定の名勝。仁淀川の源流にあり、奇

岩と清流で知られる

7 旧制高知高等学校の初代校長・江部淳夫の言葉「感激あれ若人よ、感激なき人生は空虚なり」を踏まえているとみられる

8 上田光治（生没年不明）。海軍大佐。カーニコバル島駐在の第14警備隊司令で、木村が所属した民政部のトップ

◉『哲学通論』への書き込みのうち、『きけ　わだつみのこえ』で削除された主な箇所は以下の通り。

▼日本の軍人、ことに陸軍の軍人は、私たちの予測していた通り、やはり国を亡《ほろ》ぼしたやつであり、すべての虚飾を取り去れば、私欲そのもののほかは何ものでもなかった。

▼大東亜戦以前の陸海軍人の態度を見ても容易に想像されるところであった。陸軍軍人は、あまりに俗世に乗り出しすぎた。彼らの常々の広言にもかかわらず、彼らは最も賤《いや》しい世俗の権化となっていたのである。それが終戦後、明瞭に現れてきた。生、物に吸着したのは陸軍軍人であった。

▼(連合国軍の看守から) 全く不合理と思えることが、日本では平然と何の反省もなく行われていることを幾多指摘されるのは、全く日本に取って不名誉なことである。彼らがわれわれより進んでいるとは決して言わないが、真赤《まっか》な不合理が

平然と横行するまま許して来たのは、何と言ってもわれわれの赤面せざるべからざるところである。

▼単なる撲《なぐ》るということからだけでも、われわれ日本人の文化的水準が低いとせざるべからざる諸々《もろもろ》の面が思い出され、また指摘されるのである。

▼ことに軍人社会、およびその行動が、その表向きの大言壮語にかかわらず、本髄は古い中世的なものそのものにほかならなかったことは、反省し全国民に平身低頭、謝罪せねばならぬところである。

▼この（見るに堪えない）軍人を代表するものとして東条（英機）前首相がある。さらに彼の終戦において自殺（未遂）は何たることか、無責任なること甚だしい。これが日本軍人のすべてであるのだ。

▼彼らの言う自由主義とはすなわち「彼らに都合のよい思惑には不都合なる思想」

という意味以外には何もないのである。またそれ以上のことは何も解《わか》らないのである。

▼軍人が今日までなしてきた栄誉栄華は誰のお陰《かげ》だったのであるか、すべて国民の犠牲のもとになされたにすぎないのである。

▼労働者、出征家族の家には何も食物はなくても、何々隊長と言われるようなお家には肉でも、魚でも、菓子でも、いくらでもあったのである、――以下は語るまい、涙が出てくるばかりである。

▼天皇崇拝の熱の最もあつかったのは軍人さんだそうである。（略）いわゆる「天皇の命」と彼らの言うのはすなわち「軍閥」の命と言うのと実質的には何ら変わらなかったのである。ただこの命に従わざる者を罪する時にのみ、天皇の権力というものが用いられたのである。

▼もしこれを聞いて怒る軍人あるとするならば、終戦の前と後における彼らの態度を正直に反省せよ。

▼高位高官の人々もその官位を取り去られた今日においては、少しでもの快楽を少しでも多量に享受せんと、見栄《みえ》も外聞も考慮できない現実をまざまざ見せつけられた今時においては、全く取り返しのつかない皮肉さを痛感するのである。

▼精神的であり、また、たるべきと高唱してきた人々のいかにその人格の賤しきことを、我、日本のために暗涙禁ず能《あた》わず。

木村久夫と二通の遺書について

加古陽治

1

〈チャンギはシンガポール島の東の突端にはめこまれた真珠のように、南国の蒼穹の下に輝いてみえる。それは小高い場所に立っていて、あたりは一面の緑に囲まれ、さらにその先は緑が紺碧の海に溶け、海は無限の水平線に消えていく〉

スティーブ・マックィーン主演の映画『大脱走』の脚本や、日本を舞台にした長編小説『将軍』などで知られる英国（後に米国）の作家ジェームズ・クラヴェル[1]の『キング・ラット』（石井宏訳、山手書房）は、美しいシンガポールの光景から書き出される。クラベルは、第二次世界大戦中、英国軍の砲兵隊に加わり、マレー半島に従軍した際、日本軍の捕虜となった。この長編第一作は、その時に収容されたチャンギ刑務所での体験に基づく自伝的小説である。猥雑な禁断の獄舎で、さらにその周囲はそそり立つ壁に囲まれている〉〈近づけばチャンギの美しさはうせて、ありのままの姿が見える。

一九四二（昭和十七）年から四五（昭和二十）年の日本占領下、ここに八千人もの連合国側の捕虜や民間人が収容された。捕虜たちは日本軍の飛行場建設にかり出された。飛行場はすっかり趣を変え、いまや年間の旅客数五千万人、発着便数三十万を超えるチャンギ国際空港となっている。刑務所は敗戦後、逆に連合国軍の管理となり、戦犯容疑に問われた日本兵らが収容された。

その中に、度のきつい眼鏡をかけ、やせた中背の若者がいた。京都帝国大学経済学部生の陸軍上等兵・木村久夫である。英語が得意で、インド洋アンダマン・ニコバル諸島のカーニコバル島の民政部に属していた木村は、軍と現地の住民たちの間に入って活動していた。だが、住民によるスパイ容疑が持ち上がると、上官から調査に加わるよう命じられ、取り調べ中に容疑者の住民に暴行を加えて死なせたとして戦犯に問われた。戦犯裁判では無罪を主張したが、まったく聞き入れられず、一九四六（昭和二十一）年三月二十六日、死刑判決を言い渡された。木村は絞首刑までのほぼ二カ月、この絶望の獄舎で過ごすことになる。

極刑の宣告からほどない、ある日のことだった。自由時間に木村は、かつて民政部で仕えた上官の陸軍大尉・鷲見豊三郎のもとに歩み寄り、語りかけた。鷲見も戦犯に問われ、懲役十年の判決を受けていた。ともにカーニコバルの住民たちと日本軍側の間に立って、苦労しながら折衝にあたったもの同士である。木村は、まだ敵の機動部隊が来襲する前の、のどかで幸せだった日々を懐かしそうに振り返り、終戦の前の月に起きた「スパイ事件」のことを「あの時は夢のなかで無我夢中で動いていたようでした」と言った。

そして、鷲見の持っていた一冊の本を貸してほしいと頼んだ。岩波全書版の田辺元著『哲学通論』。鷲見は、この本を大阪外国語学校（後に大阪外国語大学、現在は大阪大学に統合）英語部の学生時代に入手し、戦地でも肌身離さず持ち歩いていた。収監されてからも、すりきれた表紙をビスケットの箱で補強して大事にしていた。だが、生きて祖国に帰ることがかなわない、元部下からのたっての願いである。断るには忍びない。鷲見は、木村に本を譲った。

「死の数日前、偶然にこの書を手に入れた。死ぬまでにもう一度これを読んで死に就こうと考えた。四年前、私の書斎で一読した時のことを思い出しながら。コンクリートの寝台の上で、遥かなる古里、わが来し方を想いながら、死の影を浴びながら」

遺品として、いまも実家で大切に保存されている『哲学通論』の扉には、こう書き込みがされている。本を手にすると、木村は余白に死に向かう思いを書きつらねながら、むさぼるように読み続けた。一回目に読み終えたのは四月十三日。最後のページには「死刑執行の日を間近に控えながら、これがおそらくこの世における最後の本であろう。最後に再び田辺氏の名著に接し得たということは、無味乾燥たりし私の人生に最後、一抹の憩いと意義とを添えてくれるものであった」と記した。学究の徒であった木村にとって、読書は旧制高知高校から京都帝大にかけての充実した日々を思い出させる。あらかじめ死を予告された獄中での、ささやかな、しかし、最大の幸せだった。

死刑は執行前日の朝、告げられる。ある日は別の人であっても、次は自分かもしれない……。そんな不安の中で、木村は『哲学通論』の世界に没頭する。三度目の読書に取り掛かるのは、四月二十二日のことである。

読みながら右のページに短歌を、左のページの上から左にかけて文章をつづった。木村が「紙に書くことを許されない今の私にとってはこれに記すより他に方法はないのである」と書くように、刑務所ではなかなか紙を入手できない。思いを残すには、本を読むふりをして余白に記すしか手立てがなかった。

自らの死刑を理不尽なものだと考えていた木村だが、あえて「大きな世界歴史の命ずるところ」と受け入れる。日本は「全世界の憤怒と非難との真っただ中に負けた」。その祖国が戦時中にしてきた行為の責任をとって、自分は死んでいく。それで「世界の人の気持が少しでも静まればよい」という論法である。実際、戦犯裁判は連合国軍による報復の色彩を帯びていた。特に木村が裁かれた初期には、報復感情の強さを反映し、数多くの死刑が宣告された。

「日本国民全体（へ）の罪と非難を一身に浴びて死ぬのだと思えば腹も立たない。笑って死んでいける」

木村の言葉は、とても本心とは思えない。むしろ強がりのように聞こえる。だが、そうでも言わなければ、自らを納得させることができなかったのだろう。

一方で、軍に対する感情には峻烈なものがある。

「日本の軍人、ことに陸軍の軍人は（略）国を亡《ほろ》ぼしたやつであり、すべての虚飾を取り去れば、私欲そのもののほかは何ものでもなかった」
「監獄にいて何々中将少将という人に幾人も会い、共に生活しているのである
が、軍服を脱いだ赤裸の彼らは、その言動において実に見聞するに耐え得ない
ものである」
「常々大言壮語して止まなかった、忠義、犠牲的精神、その他の美辞麗句も、身
に装う着物以外の何ものでもなく、終戦により着物を取り除かれた彼らの肌は
実に見るに耐え得ないものであつた」
「この軍人を代表するものとして東条（英機）前首相がある。（略）自殺（未遂）
は何たることか、無責任なること甚だしい」
「天皇崇拝の熱の最もあつかったのは軍人さんだそうである。しかし一枚の紙
を裏返せば、天皇の名を最も乱用、悪用した者はすなわち軍人様」
「命に従わざる者を罪する時にのみ、天皇の権力というものが用いられたので
ある。もしこれを聞いて怒る軍人あるとするならば、終戦の前と後における彼

らの態度を正直に反省せよ」

このような激しい言葉が随所に書かれている。木村はもともと軍人に代表される権威主義が大嫌いだった。旧制高校時代には、抑圧的な教師に反発し、授業をサボった。「似非《えせ》愛国者を攻撃していました。（略）一ケ年間少しの講義もせずに教育勅語の毛筆清書ばかりをさせていた倫理学の某教授や軍事教官中の一人である某氏などを嫌って、その人たちの時間にはいつもサボってばかり」（父・久の手紙）。このため、二回も留年したほどだった。陸軍に召集されてからも幹部候補生試験を受けず、一般の兵で通していた。

あれだけ威張り散らしていた幹部連中が、いざ敗戦となると保身に汲々とし、醜態をさらしている。命令を実行しただけの末端の兵が死刑にされ、命じた参謀らは無罪や軽い懲役刑になっている。そうした現実を見て、許しがたい思いが湧き上がってきたのだろう。文中には、憤怒の思いがあふれている。

木村はこうした軍の横暴を許した国民の責任にも言及する。

「考えを致せば、満州事変以後の軍部の行動を許してきた、全日本国民にその遠い責任があることを知らなければならない」

「日本はすべての面において、社会的、歴史的、政治的、思想的、人道的、試練と発達が足らなかったのである」

「国民はこれら軍人を非難する前に、かかる軍人の存在を許容し、また養ってきたことを知（るべきであ）り、結局の責任は日本国民全般の知能程度の低かったことにあるのである」

思うままに権勢をふるい、地獄への道を突き進んだ軍や軍人を背後で支えた国民の熱狂を、獄中の木村は醒めた目で見ていた。

時に詩的な言葉で、死を前にした心中をつづってもいる。

「吸う一息の息、吐く一息の息、食う一匙《さじ》の飯、これらの一つ一つのすべてが、今の私に取っては現世への触感である。昨日は一人、今日は二人と絞首台の露と消えて行く、やがて数日のうちには、私へのお呼びもかかって来るであろう。

それまでに味わう最後の現世への触感である」

最後の日々、木村は死刑囚ばかりが収容されている独房とホールで日々を過ごしながら、残り少なくなった命をいとおしみ、その感触を味わう。

「口に含んだ一匙の飯が何とも言い得ない刺激を舌に与え、かつ溶けるがごとく、喉から胃へと降りていく触感に目を閉じてじっと味わう時、この現世のすべてのものを、ただ一つとなって私に与えてくれるのである」

死を前にして、いやがおうにも感覚は研ぎ澄まされる。食事や呼吸という、ふだん何気なくしていたことの一つ一つに心が揺さぶられた。「泣きたくなることがある」。時に押し寄せる感情の大きな波を、こう正直に明かしている。

木村の心中は、短歌にも表れている。余白には、狂歌も含め、全部で十九首ある。その最初が、左ページの余白にも記した「一匙の粥」を歌ったものだった。

此の世への名残りと思ひて味ひぬ一匙の菜一匙のかゆ

六首目には、志半ばで学問の道を断たれる悲しみを歌っている。

かにかくに凡て名残りは盡きざれど學成らざるは更に悲しき

そして十一首目にあるのが、しばしば引用される代表歌である。

音もなく我より去りしものなれど書きて偲びぬ明日《あす》と言ふ字を 2

既に失われた「明日」という字を書いて偲びながら、木村は五月二十三日の死刑執行までの約二カ月を獄中で過ごした。木村と死刑執行の一週間前から三たび面会した教誨師の松浦覚了によると、自ら「いよいよあの世へのお召しが来ても、大して見難《みにく》い態度もなく行けそうと思っている」「一生においてこれほど大きい人間への試験はない」と記している通り、腹が据わった様子だった。「実に沈着冷静な態度に日本軍人として有識者としての風貌があり、特に五月二十二日の夜（処刑前夜）のごときは英国の看守軍人よりその態度の厳正なることを賞せられたりということを述べておられたり」「従容として辞世の最後の分を伝えられて訣別せり」。松浦は、木村の最後をこう書き残している。

絞首刑の執行前、木村は水浴びを願い出て、全身を清めた。遺髪と爪とを自ら丁寧に切り、与えられた一本の煙草をしみじみと吸う。そして、落ち着いた足取りで渡り廊下を上り、刑場に向かっていったという。

余白にびっしりと書き込みを入れた『哲学通論』は、英和辞典や眼鏡、ズボンなどとともに「遺品の一つ」として、家族の元へ送るよう託された。家族には翌月、その死が知らされた。遺品は、英国政府や隊の仲間の手で届けられた。

木村の最後の声は、その死から二年後、旧制高知高校時代の恩師・塩尻公明が「或る遺書について」（『新潮』一九四八年六月号）を著し、遺書の一部を初めて明らかにしたことで、広く知られるようになる。後に同名の単行本にもなった。遺書は、さらに戦没学徒の遺書・遺稿を集めた『きけ　わだつみのこえ』（東京大学協同組合出版部、現在は岩波文庫）にも収録された。現編者の日本戦没学生記念会（わだつみ会）は『わだつみ』の中で特に重要なものとしており、一九九五年の岩波文庫改訂版では本文と別枠との位置づけで、巻末に置かれている。

いずれの本でも、全文が『哲学通論』の余白に書かれたものとされていた。

2

木村久夫は一九一八（大正七）年四月九日、大阪府千里村（現吹田市）佐井寺に

幼い頃の木村久夫。病気がちでほとんど学校にも通えなかった

久、斐野《あやの》夫妻の長男として生まれた。木村家はもともとは淀藩の家老で、明治維新の前に商人に転じた。大阪・船場で呉服屋を営み、一時は成功して大店となった。だが、二代目の時に番頭に金を持ち逃げされたため、店をたたんで佐井寺の庄屋の家を買って移り住んだ。今は住宅やマンションが並び面影もないが、かつては豊かな田園風景が広がっていた。

木村は、この地で、父親が大地主で村長という裕福な家庭に生まれた。八カ月の早産だったこともあり病弱で、ほとんど家から出られなかった。小学校五年生まで、ろくに学校にも通えなかったという。

「近くの千里山小学校へ上がりましてからも『久夫はこの月、三日だけ、珍しく薬を飲まなんだなあ』と夫婦で語り合うくらい虚弱で、それはく〳〵苦労させられました」

母斐野は息子の死から三年近くたって、こう回想している。[3] それでも次第に元気になり、大阪府立豊中中学校（豊中市、現豊中高校）に進学する。父の久は当時、村長を務めていたが、豊中に引っ越し、そこから役場に通った。木村は『中央公論』『改造』『日本評論』の三誌を定期購読し、二階の自室で熱心に読んだ。中学時代、万葉集の研究者だった教諭の吉永登《みのる》[4]を慕い、吉永が他校に異動してからもたびたび家を訪ねた。

中学では外国人の英語教師ジョン・ケア・ゴールディ[5]が教えていた。いつも英語で話すうちに、英語が得意になった。父の久は「中学三年生くらいで、はや日本語のあまりできないゴールディさんと英語ばかりで用を足していました」と振り返っている。[6]教科書は嫌いだったが、学ぶこと自体は好きで、家族が寝静まった後も深夜まで机に向かっていた。

中学時代からカメラに凝りだし、現像から引き延ばしまで、すべて自分でこなした。撮影した写真は、現在もおびただしい数が残されている。

旧制高校は、当初、金沢の第四高等学校（現金沢大学）を目指した。だが、以

豊中中学時代の木村久夫。英語が得意だった

前、金沢医学専門学校（現金沢大学）に進んだ親戚が在学中に結核で亡くなったことがあり、その親戚が強く反対した。このため、旧制高知高等学校（現高知大学）に志望を変更する。合格すると、母の斐野と妹の孝子も高知市に転居し、木村が一年間の寮生活を終えると、一緒に暮らした。

　高校時代の木村は、教師たちにとってやっかいな生徒だった。

「潔癖すぎるほど好き嫌いがはっきりしていた。好きなものは真一文字に打ち込むが、きらいな学科や先生は徹底的に毛ぎらいする。権威主義が大きらいで、威張る先生、ヒューマニスティックでない教師をきらいぬいた。授業にも出ない、白紙答案を出す」

　入学当初のクラス担任で、英語を教えていた八波直則は、こう振り返っている。当然のごとく「原級」（留年）となる。すると、同じ不可となった学科の授業中、「最前列に座りノートも取らず、ほおづえついている。先生もやりにくいわけで、『木村には参った』と私まで苦情を持ち込まれたもんです」[7]。

「法制経済」の担当教師で、木村が最も慕っていた塩尻公明も「勉強も手につかず、写真を写してまわったり、喫茶店めぐりをしたり、酒を飲んで町を歩いたりしていたので、学校当局からは無頼の生徒と見られ、友人や町の人々からも放逸の生徒と見られていた」と記している。[8]

同級生の目から見たらどうか。後に母校の学長（高知大学長）となった関田英里[9]に取材した土佐文雄の小説「ある学友の遺書」[10]によると、こうだ。

「自分の嫌いな授業は『あんなのはつまらない』と公言した。とくにドイツ語とその教授が嫌いだった」「度のきつい眼鏡をかけた『ドイッチェン』とあだ名のあるその教授は高圧的に見えるタイプだったので木村は嫌っていた。そして木村はこのドイツ語で落第したのであった」

ただ、勉強が嫌いだったわけではない。一九三九（昭和十四）年八月、木村は愛媛県面河《おもご》村（現久万高原町）の面河渓で静養した。国の名勝に指定されている山峡の地で、木村は初めて社会科学の書をひもとく。『哲学通論』の余白には、

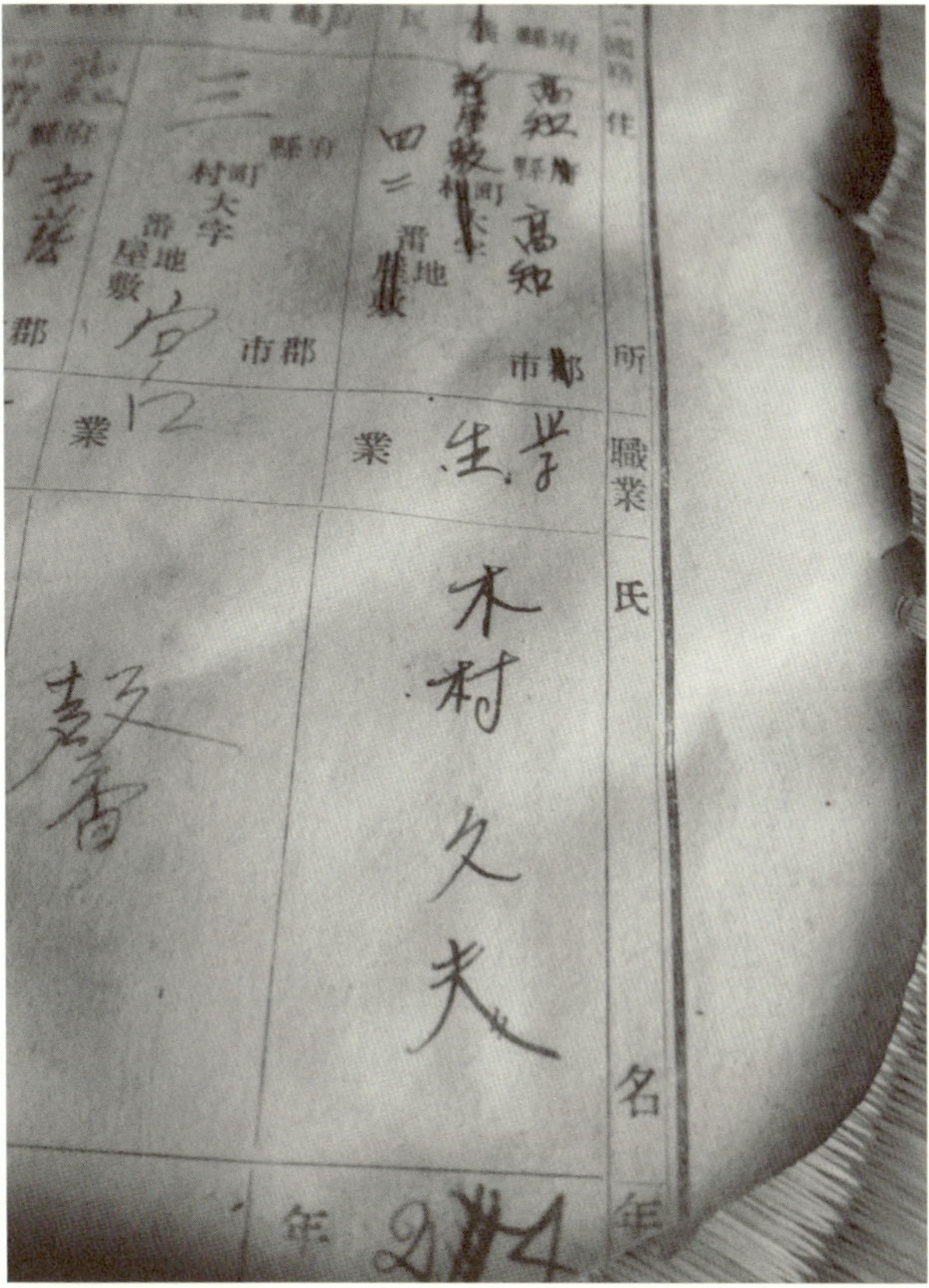

木村が旧制高知高校時代にしばしば逗留した猪野沢温泉の宿帳。火事で焼けたため、周囲が焦げ付いている

この日を「私の一生の中、最も記念さるべき（日）」として、「真に学問というものの厳粛さを感得し、一つの自覚した人間として、出発した時であって、私の感激ある人生はただその時から始まったのである」と述べている。

その後、歌人・吉井勇[11]が失意の時代、「渓《けい》鬼《き》荘」を建てて長く逗留した猪野沢温泉（高知県香北町猪野々、現香美市）をしばしば訪れ、豊かな自然に包まれながら学術書を読みふけった。木村は吉井に傾倒しており、吉井と親しかった宿の主、今戸益喜に思い出話を聞き、時に自ら短歌を詠んだ。

音もなく山に小雨の降るごとくかすかなるもの吾が身にも来よ

つくづくと河鹿を聞けばいや果てのこの身思はれ涙にじみ来

一九四一（昭和十六）年十二月発行の母校の雑誌『南溟報国会誌』第一号には、「人を避け、我を想ひ、我を考へ、生命を顧《かえりみ》ること二十日余り、言葉足らざれども、短歌を以て表はすこととしぬ」といった詞書に続いて、どこか辞世の歌に通じるような連作「猪野々山居」九首を寄せている。

母校高知大学の図書館に寄贈された木村の社会科学関係の蔵書（木村文庫）の多くには、巻末に日付入りで感想がつづられており、木村が旧制高校時代に学術書を次から次へと読破していたことが分かる。心酔する塩尻に指導を請い、週一日の自宅での面会日には「朝から晩まで教授宅でべったりと居る」「下男のように教授宅で様々の雑用を手伝った」[12]ほどの熱心さだった。

だが、嫌いな科目をサボったつけは重く、大学進学を控えた三年生の時、二度目の落第をしてしまう。さすがの木村もこの時は落ち込んだ。

「及第会議の発表のあった日、木村は関根（関田）らに、歪んだ蒼白な顔つきで、

『俺はもう学校を辞める。あのドイッチェン野郎の講義をもう一年聞くと思うとヘドが出る』と唾棄するように言って背を見せた[13]」

そんな木村をなぐさめようと、学友が家を訪ねると、様子が一変していた。

「木村の顔を一目みて（略）あっと驚いた。木村の顔が昨日と違ってあまりにも生き生きとかがやいて見えたからだ。木村はその顔で、『ありがとう。心配して来てくれたんだろう、しかしもう心配はいらんよ．俺は昨夜、うさ晴らしに河上肇の第二貧乏物語[14]を読んでいるうちに、尽

旧制高知高校時代の木村（左）。留年を繰り返したため「おっさん」と呼ばれていた

きない興味を覚え、この学問を自分のものとして大成するためには、どんなに嫌な一年も我慢して、どうしても大学に行きたい』と決意のほどを真摯に語った[15]」

木村自身、学生時代に書いた未完の作品「小説・物部川[16]」で、こう記す。「階下の時計が夜半の十一時を打った。心の動揺に耐えきれない彼は、本立てから一冊の本を取り出した。谷口吉彦著『新体制の理論』――彼はいつのまにかそれを読み始めていた。彼の読書の癖として、左手に定規、右に赤鉛筆を持って克明に要所々々に線を引っぱっていた」「社会科学に接している彼の心はいつの間にか躍動を始めた」「そうだ。おれはどうしても本から離れられない。己の生命はここにある」「谷口氏の著書はむしろ愚著というべきで、あらゆる欠点、矛盾が明らかに尻尾を出していた。しかし今日の彼には、その矛盾が却って彼を社会科学に愛着せしめたのであった。『こんなことでどうなる。これが新体制か。かく安易な新体制論が横行する間は日本の現状は決して安心できない』と感ずるとともに、『このおれがやるんだ。この己が何か少しでも貢献がしたいのだ』と彼の心の中で何かがこう絶叫するのだった」「『よし、おれは勉強する。社会科学に一生を捧げる。誰が何と言っても一歩も退かないぞ』――彼は歓喜を覚えるとともに、新たな第二の出発へと心の中で立ち上がった」

こうして木村は、学問の道を究めることを決意する。

3

「永らくご無沙汰して居りました。京に来て早や一月、ようやく心が落ち着きだした次第です。昨今より本格的な勉強に取り掛かっています」

京都帝国大学（現京都大）経済学部に進学した木村久夫は、京都市上京区（現北区）紫野下鳥田町の洛北荘に居を定め、本格的に学びはじめる。一九四二（昭和十七）年四月末、旧制高校の恩師・八波直則に出した手紙は、生き生きと勉強に励む様子にあふれている。

「塩尻先生、八波先生の向こうを張って、小生も今経済原論[17]の翻訳をはじめています。今年の八月ごろまでにはぜひ完成させたいと意気込んでいます」「学校の講義は面白いです。高等学校時分とは正に百八十度反対の気分をもって通学しています。何を申しても『好かぬ教師』の顔を見ないだけでも愉快です」

一方で、一九四一（昭和十六）年十二月八日の対米英開戦から半年近くたち、戦局は予断を許さなくなりつつあった。木村は前年十一月に一時帰郷して、徴兵検査を受けていた。結果は「第二乙種」。真っ先に召集される甲種ではなかったことに、木村は安堵し、八波への手紙に「この分では何か大戦争のない限り、大丈夫です。喜ぶと言うと、非常時性に反していますが、今後限りなく勉強を続けて行けると思うと、何だか私に課せられた運命のごとく思われて、ますます今後の精進を誓う訳です。あるいは私にも少し運が向いてきたのか、今後、私の基礎時代ともいうべき数年間が与えられたということは、何事にも勝るたまものだと思っています」と書いた。

ほどなくして左京区北白川東平井町の白川疏水に近い紫洛寮に移った木村は、早くも将来を考えはじめる。父の久が望む通りに高等文官試験[18]（高文）を受けて高級官僚になるか、経済学を学び続けて研究者となるか。難関の高文を受ける場合、一年は受験勉強をしなくてはならない。その間、経済学の勉強はおろそかになる。木村は恩師の塩尻に相談の手紙を出した。

九月、塩尻から返信が届いた。「今の君の立場に立てば、国家の支配階級になろうと思えばなれる。また学究として立つこともできる。可能性としては、たしかにいずれにもなり得るのです。ただし実現さるべき人生コースはいずれかの一つしかない」。塩尻はこう述べ、「一方を捨てて他方に専念しているうちに自然になるのが一番です」「いずれか惜しいものを捨てて、捨て身になって、一方のみに向かうところに大成するのだと思います」とアドバイスした。

それからまもなくのことだった。木村に運命の手紙が届く。赤紙だった。八波への手紙に書いた「数年間が与えられた」という楽観的な予測は、外れた。

大学入学から半年を経た一九四二（昭和十七）年十月、木村は地元大阪の中部第二十三部隊に入営する。学問の道は、長く閉ざされることになった。

入営早々の十一月、木村は病気になり、大阪陸軍病院（大阪市中央区）に入院した。病名ははっきりしないが、妹の孝子は「たぶん結核だったと思います」と証言している。[19] 翌一九四三（昭和十八）年には堺市の大阪陸軍病院金岡分院に転院し、五月半ばまで療養を続けた。その最中にも読書欲は衰えず、たくさんの本を読破した。その中には洋書も含まれ、高知大学図書館に残るアルフレッド・マーシャル著『PRINCIPLES OF ECONOMICS』には、たくさんの英語の書き込みとともに「18・5・12・大阪陸軍病院にて」とある。

入院中の四三年一〜二月には、高知高校からともに京都帝大に進んだ親友荒

1942年の入隊早々、木村は結核とみられる病気で陸軍病院に入院する。そこでも洋書を読みふけっていた

勝巌[20]を通じて、少なくとも七冊の本を購入した。うち三冊は洋書だった。退院後も五月から七月にかけて、外出日のたびに社会科学系の本を買い求めている。応召後も学問への思いは尽きなかった。

九月、ついに出征の時が来た。木村は二泊三日の外泊許可をもらい、佐井寺の家に戻った。「長い間、学問から離れているから、英語も忘れているかもしれない」。家族にそう話し、出かける時にコンサイスの英和辞典を持っていった。出征前夜も夜半まで本を読んだ。その年の六月に大阪・心斎橋の丸善で購入した難波田《なにわだ》春夫[21]『戦力増強の理論』（有斐閣）の扉には、「昭和十八年九月十三日夜半、南方出征の前夜に当りて、これを読む。半途にして止むといえども、やはり著者らしき銘感（感銘）を与えてくれた」と感想がつづられている。

両親や妹の孝子らは、京阪電気鉄道千里山駅（現阪急）まで見送った。家では「こんな負け戦に嫌だなあ。幹部候補生は志願せんからな」と言い、軍服を着たがらなかった木村だが、孝子の顔を見るとにっこり笑い「どうだ、似合うか。二

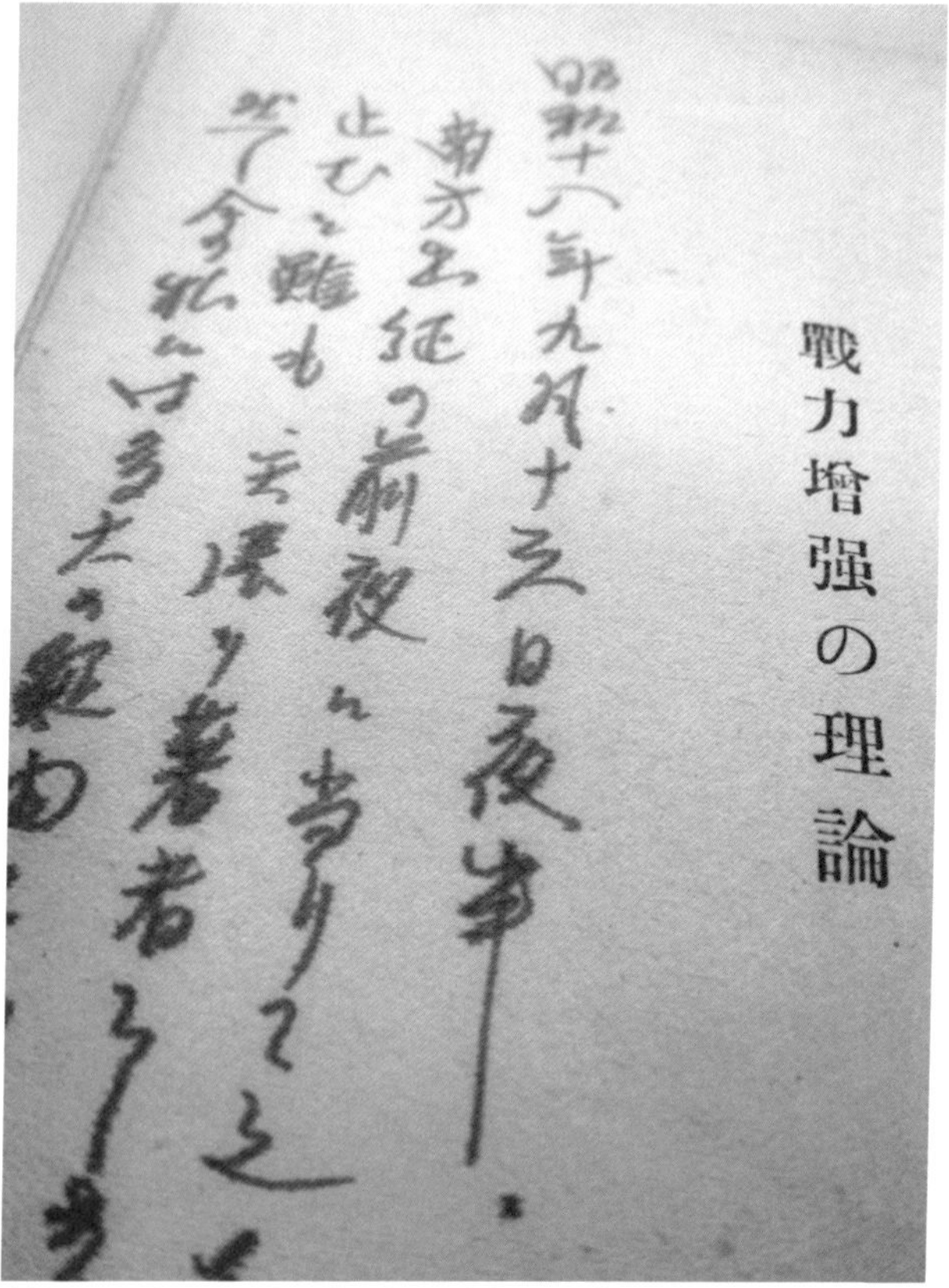

木村が1943年9月の出征前夜に読んだ難波田春夫『戦力増強の理論』。部隊は翌月、インド洋のカーニコバル島に駐屯する

等兵木村久夫、本日出征いたします。でも必ず生きて帰ってきます」と言って敬礼した。行き先は秘密にされ、家族はもちろん、本人にも分からない。家族にとって、息子の、兄の生きた姿を見るのは、これが最後となった。

4

二週間後、実家に葉書が届いた。「門司市(現北九州市門司区)」の住所が記されていた。「明日より任地に行く」とあったが、南方という以外、どこに行くのか家族にはまったく分からなかった。

部隊の主力はシンガポールを経由して仏印(フランス領インドシナ)に進駐し、初めての実戦を経験した。その後、インド洋アンダマン・ニコバル諸島の態勢が増強されることになり、一九四四（昭和十九）年三月、カーニコバル島で独立混成第三十六旅団（旅団長・斎俊男少将）が編成された。島は、前年九月に御前会議で決定された「絶対国防圏」の西側の最前線である。もともと英国領だったが、四二（昭和十七）年に日本軍が無血上陸し、四三（昭和十八）年秋には第一飛行場の滑走路が完成していた。大本営は、連合国軍（英国軍）がカーニコバル島を含むアンダマン・ニコバル諸島の奪還に乗り出すとみており、増派は、防衛するための兵力の増強が目的だった。

「名実共不沈空母と化した」。同じアンダマン・ニコバル諸島のアンダマン島の民政部長だった城《じょう》地《じ》良之助[22]（慈仙）は、この地域の戦犯裁判と刑死者についてまとめた『印度洋殉難録』（非売品）で、こう記している。

木村たちの陸軍部隊は旅団編成に先立つ四三年十月から、島に駐屯していた。英語の得意な木村はまもなく、大隊の上官で大尉の鷲見豊三郎とともに海軍主導の民政部（司令・上田光治大佐）に配属され、もともと英国領だった現地の住民らへの宣撫活動、折衝に当たった。木村は水を得た魚のように、生き生きと働いた。

「朝から晩まで読むもの、書くもの、話すこと皆々英語ばかりなのです。部隊にいた当時は、まったく専門のことはやりませんでしたが、ここへ来てからは全く専門に属することなので、仕事に力が入ります。当地の経済状態、商業状態、政治・民族の社会科学的の観察がただ今の私の仕事となっています」

「忘れ掛けた英語で仕事するのは初めのうちは不便を感じたですが、このごろでは心臓も強くなってベラベラやっています」

木村は母の斐野への手紙にこうつづり、元気な様子を伝えた。

「『カーニコバル・イングリッシュ・ディクショナリー』という字引がございま

してね。それが海軍の偉い人から民政部に払い下げになりましてね。そしてカーニコバル語って言葉を覚えたわけですよ、木村と私が同じ部屋で。それで、なるべく現地人と接触するようにというのが私たちの仕事でしたね」

木村とともに住民との折衝に当たっていた大野實は、一九九五年にRKC高知放送で放映されたドキュメンタリー『山里の墓標〜学徒兵・木村久夫の遺書から〜』で、こう証言している。英語を話すインド系の住民だけでなく、現地語を覚えて先住民ともつきあった。あくまでも占領者と被占領者という立場ではあったが、木村は住民たちと熱心に交流した。

「当地の原住民も全く皇軍を信頼し、良く協力します。軍歌、唱歌の良く普及していること驚くほどです。私が民政に関係してより早一ケ年、苦労して教えた日本語も実を結び、中には日常会話には何不自由もない原住民がたくさんできてきました」（親戚への葉書）

「南洋の原住民は、なかなか可愛い。おれのところでも小使い代りに十人ばか

カーニコバル島での木村（右）。得意の英語を生かして住民対策に取り組み、当初は充実した毎日だった

り働いているが、日本語もよく憶えた。日常生活には不便のないほどだ。時々なまいきな言葉を使ってわれわれを苦笑させやがることがある。言葉が通じるということは人の愛情を増すものだ。弟のように可愛がり、戦争が終れば内地へつれて帰りたいと思うこともある。容貌も日本人に良く似ている」（妹・孝子への葉書）

上官の検閲を経ていることを割引いても、日々の充実ぶりがうかがわれる。家族らへの葉書で木村は、当時、日本兵がインド系以外の島民のことを指して普通に呼んでいた「土人」という言葉を使っていない。すべて「原住民」としており、当時の兵としては例外的に差別意識が希薄だったことが分かる。

当初は、島への攻撃はなく、平穏な日々が続いていた。だが、一年もすると、英機動部隊の攻撃が始まる。最初の攻撃は四四年十月十七日のことだった。

「カーニコバル島東方より突如英艦上機数機来襲、まず第一、第二飛行場及び高射砲陣地に対し、銃爆撃を敢行し、続いて来襲せる敵機は全島にわたり威力偵察を実施す。この間、空母二を基幹とする戦艦、巡洋艦、駆逐艦等合計十隻内外の英機動部隊は東方海面より進航し来たり、当初、東海岸より一万米内外の沖合より第一、第二飛行場及び高射砲陣地に対し艦砲射撃を実施す。しかして本島の上空には観測機二、三機のほか常時十機内外の英機在空し、空海より四日間にわたり攻撃を加えたり」

旅団参謀だった斎藤海蔵[23]が四六（昭和二十一）年七月にまとめた「カーニコバル島史実資料調査報告」[24]は、最初の攻撃の模様をこう記している。旅団で十六人の戦死者と三十五人の負傷者が出た。住民も三十数人が死傷した。

「私がこの島に着いた四三年の十月には十数機の海軍ゼロ戦がぶんぶんと飛んでおり、時々恐る恐るのぞく敵の偵察機などを矢のように飛び上がっては追いかけていた。それが日が経つにつれて一機減り二機減り、とうとう飛行機の全くいない飛行基地に転落したのである」

木村の上官だった鷲見豊三郎は手記で、敵の機動部隊にまるで対抗できない当時の様子を振り返っている。[25]制空権を失った日本軍は、なけなしの飛行機もやられ、抵抗する力を削がれていた。四五（昭和二十）年四月三十日から五月四日にかけては二度目の来襲があったが、「わが方戦果なし」。斎藤の記述は、もはや旅団に抵抗する力がなくなったことを示していた。ただ、この時までは、英機動部隊の攻撃は本格的ではなく、「威力による偵察」にすぎなかった。それが一変するのは七月五日のことである。この時の攻撃が、木村や島の住民の運命を大きく変えることになる。

　旅団の独立歩兵第二五九大隊の小隊長だった川西啓介は、この時の模様を回想している。[26]それによると、始まりは、そろそろ夜が明けようかという午前五時ごろだった。「プーン」というかすかな爆音が響き、敵機グラマンが来襲した。「非常！」「非常！」の声が飛び、兵舎は騒然となる。夜が明けると、艦砲射撃が始まった。

「前方の海面には、いつの間にかたくさんの軍艦が観艦式のように並んでいる。

きれいな灰白色に、ところどころ青く塗られたペンキの色が美しかった」

明け方の青い海の沖合に並ぶ軍艦。鷲見は塹壕から顔を覗かせ、その様子を眺めていた。直後、戦艦の大砲から白煙が上がった。「危ない！ 姿勢を低く！」。そう怒鳴った直後、後方からズシーンと大きな音が響いた。それが合図のように、すさまじい砲弾の雨が降りそそぐ。椰子の実が割れたのか、上から水がぽたぽた落ちてくる。口の中が砂だらけだった。だが、命だけはあった。

飛行場や高射砲台が集中的に叩かれた。沖合では掃海艇が機雷の除去作業に当たっていた。攻撃は、掃海艇を守るためのもののようだった。攻撃は十一日まで続き、終わった。「わが方は沈黙の中に防御をいよいよに完璧ならしめ、英軍の上陸に対し満を持して備えたり」（「カーニコバル島史実資料調査報告」）。掃海作業は、近く上陸する兆しと受け止められた。補給を断たれた孤島で、ろくに情報が入らない中、英軍上陸、全員玉砕のシナリオが現実味を帯びてきた。「スパイ事件」が持ち上がるのは、まさにその最中《さなか》だった。

5

発端は、陸軍が米を盗んだ住民を捕らえたことだった。

鷲見の手記などによると、こんな経緯だった。

鷲見のもとに、カカナ地区にいる第二百六十大隊の中隊から電話が入る。

「米泥棒を捕まえた。家を襲って捜索すると米も出てきたが、対空信号に使用したらしいランプと石油缶が家の近所の藪にあった。部隊で調べきれないから民政部で調べてくれ、今送ったから」

相手は「スパイ事件」の疑いがあることを知らせ、電話を切った。だが、民政部とて人手不足で、一方的に押しつけられるのは困る。鷲見は、陸軍の補助憲兵に捜査をゆだねようと、参謀の斎藤海蔵に連絡を取ることにした。だが、折からの敵機動部隊の攻撃の最中で、斎藤にはつないでもらえない。仕方なく副官に事情を話すと、「今敵が島を取り巻いている最中に、旅団は到底そんなものを受け取る余裕がない。殺してしまえ」と言うなり、ガチャンと切られてしまった。

そのうちに住民が送られてきた。困った鷲見は、司令の上田に相談を持ちかけようと、民政部の本部に向かう。鷲見から説明を受けた上田は、「ふーむ」と呻ったきり、考え込んでいた。しばらくそうしてから、次々と届く電報に目を通したり、指示を仰ぐ士官と話したりしながら、途切れ途切れに言った。

「それじゃ、逃亡などの監視はこちらの衛兵で兼ねさせる。時節柄、こりゃ疑いだけでも重大なことだから、御苦労でも木村君にここで宿泊させて早速調べさせることとしよう」

こうして木村が、タルーカ、ハッサン・クッティら原住民の米泥棒を取り調べることになった。タルーカは既に陸軍側の調べに対し、信号弾の打ち上げを認めていた。さらに、七月七日の晩からの木村の調べで、決定的な供述をする。ハッサン・クッティ、オマール・クッティと一緒に六、七回信号弾を打ち上げた。オマール・クッティから信号弾をインド人の医師ジョーンズと、日本軍の占領前に島に来たインド人から手に入れたと聞いた――。これが芋蔓式に住民が摘発され、殺害される端緒となった。

陸軍から木村に委ねられた時、タルーカとハッサン・クッティには拷問を受けた形跡があった。戦犯裁判の宣誓供述書で木村は「(二人は)『四日間何も食べていない』と言った。彼らをトラックに乗せる時、自力では上がれなかった。私と大野上等兵、それに何人かの現地民が手伝って乗せた」「両腕と両肩はひどくふくれあがっており、体中に傷があった。特によく覚えているのは、彼の両手にひどい傷があったことだ」と話している。木村も自らの調べで「タルーカから情報を得るため、私は彼を棒で打った」と認めている。[27]

平和な時代であれば、拷問から逃れるための虚偽の供述の可能性があると考えるのが自然だろう。実際、その後も現在に至るまで信号弾の物理的証拠は見つかっていない。だが、暴力制裁が蔓延する日本陸軍では、供述を引き出すための暴力は珍しいものではない。まして敵が今にも上陸しようかという非常時である。暴力をふるってでも供述を引き出すことは、当然、上官も認めていたし、むしろ奨励されていた。取り調べの最中に通りがかり、スパイ事件への憤激のあまり、「容疑者」を殴るものも少なくなかった。

そんな空気の中でのことである。「スパイ組織」摘発につながる木村の調べは「全島の感謝と上官よりの讃辞を浴び、方面軍よりの感状を授与されるやもしれず」（『哲学通論』の遺書）とまで言われ、大きな手柄とされた。

タルーカはその後、身柄を拘束されていたが、七月二十日に逃亡し、近くで首を吊って死んでいるのが見つかった。

ハッサン・クッティは老人で、民政部に身柄を委ねられた時、タルーカ以上に疲弊していた。宣誓供述書で、木村は「小さな棒で少し打っただけだ。彼は老人で疲弊していたので、タルーカほど厳しくは打たなかった。彼の手と足を打った」と説明している。[28] この後、ハッサン・クッティは塹壕に入れられ、翌八日の昼間に死んでいるのが見つかった。

この二人の死は、後に木村の運命を暗転させることになる。

木村は、首魁とされた医師ジョーンズも取り調べた。ジョーンズはインド人会の会長で、民政部の協力者だった。当時、三十四歳。インド・マドラスの医大出で、島では数少ない知識人だった。ある程度、日本語も解する。木村の上司の鷲見とは特に親しく、仕事を離れても親しい友人だった。

「ジョン（ジョーンズ）もこういう島の単調な憂鬱な生活には少なからず弱っていたのか、日本の話も聞きたがっていた。インドのカレッジライフや得意なサッカーの話、田舎の話、英文学の話やガンジーらの愛国党の話も出た」[29]

「彼を一番慰めているのは本であった。専門の医学書の他に英人の残していった本が二、三百冊もあり、その中には『イヤリング』[30]や『知恵の七柱』[31]や『息子たちと恋人たち』[32]その他、モーム[33]のものもあるかと思えばルバイヤート[34]もあり、ディケンズ[35]もあった。彼はディケンズを最も愛好していて『ディケンズのものはほとんど読んだし、そのあるものは何度も読んでいる』と言い、感銘の深い箇所をあの本のどことというふうによく覚えていた[36]」

木村の調べに基づき、司令の上田からジョーンズを連行するよう命じられた鷲見は、胸のつぶれるような痛みを感じながら従った。ジョーンズの家から民政部までの約四十分の道のりを一緒に歩き、到着すると、衛兵所で別れた。鷲見がジョーンズを見たのは、それが最後だった。

木村は九日、まずオマール・クッティを取り調べ、ジョーンズとムース村長のヘンリーから信号弾を渡されたという供述を得た。その上で、十日からジョーンズらの訊問に入った。宣誓供述書によると、ジョーンズは、四二（昭和十七）年二月末に英国副弁務官スコットが島を離れる際、無線を破壊するよう言われたこと、連合国軍との連絡用に五百～六百個の信号弾を渡されたこと、そのうち百個をヘンリーに渡したこと、そのほかにいくつかを別の者に渡したことを認めた。さらに十三日の取り調べで、アルバートという男に信号弾百個を渡したことを認めた。しかし、ほかのニコバル人やインド人に渡したことは否認した。この時の調べについて、木村は「嘘を言っていることは明らかだったので、私は彼を十回以上打った。そうしたら、ジョーンズ医師は自白した」と供述している。木村は八人を調べ、初期に「スパイ組織」解明の中心的な役割を果たした。だが、それでも陸軍は、民政部の調べが生ぬるいと指弾した。

鷲見の手記によると、「スパイ」発覚に憤激した陸軍からは「もっと早く泥を吐かせろ」という声が湧き上がり、参謀らは海軍主導の民政部の捜査が甘いと公言した。陸軍の部隊から元警察官らを取り調べの応援に投入し、「毎日毎日、『まだか、まだか、そんな手ぬるいことでどうなるか』と（民政部を）威嚇した」。参謀らは「こんな調査は、一日に十人ぐらい死んでもかまわぬ覚悟でやらにゃならぬ」「睾丸を火であぶったらどうじゃろ」などと言い放った。

陸軍側は、木村にジョーンズの妻を連行するように命じた。木村の宣誓供述書によると、本部付中佐の坂上繁雄は「女性をぶつわけにはいかないので、何日か飢えさせろ」と命じた。しかし、木村はこれには従わず、食べ物を与えた。
「後に陸軍の司令部に行った時、坂上中佐は彼女を飢えさせているかどうか尋ねた。私は『そうしている』とうそをついた」

陸軍は、しまいには、取り調べそのものを民政部から取り上げ、自前でやるようになる。七月二十日、鷲見は解任され、もといた陸軍の部隊に戻された。木村も事件の調査から外された。取り調べは、さらに凄惨なものとなった。

近衛師団出身で、カーニコバルの陸軍大隊本部付の通信兵だった磯崎勇次郎（九三）は、過酷な取り調べ現場に数日間、警備担当として立ち会った。
「もう火責め、水責めです。そばに火を燃《も》してあって、薪でジュジュジュって体に火を付けたりして。ヒャーって人間の声じゃないような声が出るんです。

それで、やられた人は火ぶくれの体から水が出て、傷だらけになっている。顔の上にタオルのようなものをかけて、その上から水をかける拷問もありました。そうすると息ができなくなっちゃうんです」

「原住民には、言葉がろくに通じません。『やったろ、この野郎！』『ノー、ノー』『ノーか、イエスか』『ノー』『またノーか、この野郎！』って、そんな野蛮なやり方なんですよ。調べといってもその程度でした」

正に狂気としか言いようのない光景が、そこにあった。

拷問の末に、多くの住民が「スパイ」行為を自供した。自供したものは、裁判抜きで死刑とされた。七月二十八日に第一回の「処刑」が行われ、陸軍部隊の手でジョーンズら四十八人の住民が殺害された。民政部側は「死刑は数名にとどめ、残りは有期刑に」と提案したが、参謀の斎藤や中佐の坂上らは「刑務所のない孤島でいかにして実施しうるか」と、一蹴した。[37]

八月七日には二十二人に対して第二回の「処刑」が行われ、終戦間際の十三日にも十一人が殺害された。このほか取り調べに関連して四人が亡くなっており、「スパイ」事件をめぐる現地住民の死者は少なくとも八十五人に達する。いずれも首を切ったり、銃剣で刺し殺したりしており、「処刑」という名の下に行われた事実上の虐殺だった。

「刑場の周囲に二重の兵哨線を引いて極秘に行われました。立ち木に縛られたスパイは目かくしをされ、その前に死体を埋める穴が掘られました。まず銃による一斉射殺、次に兵の度胸だめしの銃剣刺突、帯刀者の首の試し切りと続きます。そのときバケツを持った数名が走り寄り、死体の腹を切り開いて内臓を取り出しました。軍医の執刀による肝臓の摘出です。その冷徹な行動にはただ目を見張るばかりでした」

「取りだした肝臓はひそかに、熱病に伏す兵らの食事に供されたといいます。病兵の一人は、あのころ肉入りを不思議に思いながら食べたそうです」

陸軍部隊の一員だった近藤新一は、朝日新聞への投稿[38]でこう証言している。近藤は一時期、戦友会「ニコバル会」の事務局を務めていた人物である。

最初の「処刑」に先立ち、軍はインド系住民と、ニコバルの原住民のうち村長ら有力者を「空襲時の避難」名目で山中に連れだし、収容していた。英国軍の上陸という非常事態が起きた時に反乱が起きないようにするための、予防拘禁である。参謀からは「逮捕監禁せよ」と指示が出ていた。その中から何人かごとに呼び出されてスパイ容疑で取り調べを受け、二度と帰らなかった。

軍は女性や子供の殺害も企てた。鷲見の手記によると、最初の処刑が行われる直前のことだった。情報係の将校が「鷲見大尉殿、ジョン（ジョーンズ）の子供は確か三名のはずだったですよね」と声をかけた。「ああ、三人だが、それがどうしたの」と答えると、「実は明日逮捕に行くようになっているのです。命令ではジョンの妻子三名となっています」と明かした。監禁した後、処刑するよう命じられたという。将校はつらそうにため息を漏らした。

鷲見は民政部から外されたばかり。一大尉が下手に動けば、自分の身が危ない。だが、罪のない妻子まで殺害するのは、どうしても防ぎたい。思案をめぐらせた末に、民政部のナンバー2で「倫理の感覚に優れ、侠気と熱情を持つ」主計長の小倉慶治（主計少佐）と談判することにした。小倉を通じて、司令の上田を動かし、上田から陸軍に待ったをかけてもらおうという戦略だった。

鷲見は所属する大隊を抜け出し、何度も転びながら自転車で民政部に向かった。小倉は鷲見の考えに同意し、一緒に民政部トップの上田に話しにいった。上田は就寝中だった。起きてくれたが、「詳細は明日、主計長から聞く。熱心な忠告には感謝するが、（君が）職を離れた以上、個人の意見に止まるということを承知してほしい。全権限は旅団に移って、海軍としての意見は微弱である」と言うと、また寝てしまった。鷲見は、消極的な上田の態度に失望して隊に戻ったが、翌日の夕、情報将校から「どういうわけか、処刑は中止になりました」と知らされる。期待した通り、小倉が踏ん張ってくれたようだった。

戦後、法務省の司法法制調査課が出所した元戦犯への聞き取り調査をしている。小倉も調査を受け、鷲見の手記を裏付ける証言をしている。

「インド人医者を処刑した後、その妻子に対する殺害命令が、西島大隊[39]から出たと、夜中二時ごろ電話してきた。私は、夜中参謀のところに行って、『敵の機動部隊も引きあげたし、女子供の殺害は取りやめられたい』旨を申し入れた。上田大佐も強硬で『陸軍がやるというなら放っておけ』と言われたが、なんぼなんでも放ってはおけない。『主計長が責任を持つから、処刑だけは取りやめてくれ』と申し入れて、やっとこれを取りやめさせて妻子を救うことができた」

手記とやや事実関係が異なるが、いずれにしても鷲見と小倉という、戦地でも人間性を失わなかった人たちの奔走で、妻子三人の殺害は未然に防がれた。

だが、女性や子供が実際に殺されたという話もある。磯崎が親しくしていたインド系住民、モイディーンの妻子と子守の少女の殺害である。

モイディーンはスパイ事件の取り調べの最中に逃走を図り、銃撃されて負傷した後、再び連行された。その後、第二回の「処刑」時に殺害されたとされる。

それからしばらくして、磯崎は同僚から「きょうモイディーンの奥さんと子供と、子守の娘が処刑されたよ」と知らされた。子供はまだ一歳くらいで、子守の少女は十三、四歳だった。磯崎はショックで、がっくりと頭を垂れた。このモイディーンの妻子らの殺害は、戦犯裁判では明らかにされていない。

6

もう一つ、戦犯裁判で認定されなかった重大な事実がある。逆に言えば、戦犯裁判では虚偽の内容が認定された。カーニコバル島事件で、もっとも大きく、重い嘘。それは、軍の幹部が軍律裁判を開いて有罪を認定した上で、スパイ容疑者の住民を処刑したことにする隠蔽工作である。動機は、より多くの命を救うためだったとされる。しかし、そのために木村ら、取り調べの末端で上官の指示を実行したものたちが命を奪われることになった。

最初の隠蔽は、終戦後、間もない時期に行われた。遺体の処理である。軍は「処刑」する住民が一定数に達すると、トラックで山中に運んだ。艦砲射撃を受けた時に着弾した砲弾の穴があり、殺した後でそこに突き落とす。穴には、古い死体と新しい死体が重なり、赤道直下の強い日差しを受けて、腐敗が進んでいた。上陸する連合国軍に見つかれば、戦争犯罪に問われる可能性が大きい。このため軍幹部は、遺体をすべて引きあげて火葬にするよう命じた。

「仲間が朝から泥の中に入って、肉の腐ったのと人間（の形のある遺体）と、もう半混ぜぐらいになっているのを、悪臭の中で入って引きあげました」

陸軍大隊付の通信兵だった磯崎勇次郎の部隊からも、一部がその処理にかり出された。磯崎は、その日の夕方、現場に食事を運んだ。

「作業している仲間が朝から何も食べずにやってる。夕方になって、そりゃ大変だってんで、大急ぎでご飯を炊いて食事を作って、トラックに積んで現場に持ってったんですよ。行ったらね、『とても食えるもんじゃないから、持って帰ってくれ』って言うの。そりゃそうだよ、べとべとになっちゃってんだ、手にも足にも腐った人間の肉がくっついちゃって。手を洗う水がないんで、ご飯なんか食えたもんじゃないよ。凄惨きわまりない、言葉の表現がないですよ」

磯崎は、顔をしかめながら、その時の様子を語った。

九月に入り、戦犯裁判での訴追が現実味を帯びる中、旅団長斎俊男、海軍第十四警備隊の司令上田光治、陸軍参謀・斎藤海蔵らが善後策を協議した。連合国軍に「スパイ事件」をどう報告するかが最大の問題だった。木村の民政部の上官だった鷲見豊三郎もその議論の中にいた。鷲見の手記によると、軍律裁判を開いたことにするよう提案したのは鷲見だった。「ありのまま話せばいい」という本部付中佐の坂上繁雄に、鷲見は反論する。

「いくらありのままと言っても、裁判もせずに殺したとなると大問題になる可能性があります。われわれの方ではスパイだといくら言い張っても、裁判もせずにいかにしてスパイだと断定するかと尋ねられたら、返答に窮します。（略）私はありのまま説には不賛成です」

これを受けて、斎が「やはり何とか形式を整えて加工した方が良いね」と言い、架空の軍律裁判を作り上げることが決まる。法務官の来島を求めたが、断られたため、やむを得ず旅団内で軍律裁判を行ったこととした。裁判長は斎、陪席裁判官は上田ら、検察官は海軍主計少佐の小倉慶治で、弁護人はなし。鷲見は、斎に懇請され、この架空の裁判で通訳をしたことになった。このことが、後に戦犯裁判で鷲見自身を苦しめることになる。

架空の軍律裁判については、小倉も法務省の司法法制調査課の出張調査に対し、認めている。その理由については「ほんとのことを陳述」すれば「恐らく第一線部隊の大隊長以下多数の被害者を出すに至るであろうから、できるだけ被害を少なくするため」「これで処刑を実行した多くの兵たちを救うことができると考え、やむを得ないものとしてこの対策を認めた」と述べている。

命令を受けて「処刑」を実行した兵は多数に上る。事実が明らかになれば、大勢が死刑になるかもしれない。軍律裁判を開いたことにすれば、それを防ぐことができる――。斎ら旅団首脳部は、厳重に口裏を合わせた。

7

一九四五（昭和二十）年十月二十四日、カーニコバル島に連合国（英国・インド）軍のグルカ兵一個大隊が上陸し、日本軍は武装解除された。

ほどなくして住民殺害の疑いが浮上し、木村らはアンダマン島ポート・ブレア沖合のロス島に拘置された後、シンガポールへ移送された。

日本兵への取り調べは、四五年十月末から十一月はじめにかけて行われた。調査スタッフは、さらにカーニコバル島で現地の住民の供述も集めた。そして翌四六(昭和二十一)年三月十一日、シンガポールで戦犯裁判が始まった。

被告は、陸軍が木村ら取り調べの担当者のほか、旅団長の斎俊男、参謀の斎藤海蔵、中佐の坂上繁雄、大尉の鷲見豊三郎ら十四人、海軍が司令の上田光治、主計長の小倉慶治ら三人の計十七人だった。このうち陸軍の一人は、病気で初日に出廷しなかったら、なぜか被告から外されてしまった。このため、裁判は残る十六人について、二十六日までの平日に連日行われた。

起訴状で戦争犯罪(陸戦法規違反)とされたのは、①一九四五年七〜八月の間に住民を拷問、虐待し、うち六人(判決では五人に変更)を死なせた　②四五年七月二十八日、住民四十九人(判決では四十八人に変更)に対し不法な裁判で死刑を宣告し、執行した　③四五年八月六日、住民二十二人に対し不法な裁判で死刑を宣告し、執行した　④四五年八月十二日、住民十二人に対し不法な裁判で死刑を宣告し、執行した〜の四つの罪状だった。このうち最初の拷問、虐待は全員が対象で、②は斎と上田、③と④は斎と坂上が対象だった。

調査担当者の証言に続き、三日間にわたり、現地住民が証言した。この時に登場したレスリーという若者の証言で、木村は早くも苦境に立たされる。レスリーは、木村から要請され、現地語の通訳として取り調べに同席していた。裁判記録を詳しく調べた木村宏一郎『忘れられた戦争責任』（青木書店）によると、法廷では以下のようなやりとりがあった。

「木村と新井（光男・一等兵曹）がハッサン・クッテイをぶったのか」

「そうです」

「そして、彼は何でぶたれたのか」

「棒で背中を」

「まさに背中を？」

「腿も」

「ほかには？」

「彼らが望むところどこでも」

（略）

「ぶたれたあと、ハッサン・クッティはどうしたのか」

「死んだ」

レスリーは、木村が特に可愛がっていた若者だった。「弟のように可愛がり、戦争が終われば内地へ連れて帰りたいと思うこともある」。妹の孝子への手紙でこう書くほど可愛がっていた若者の証言で、木村は窮地に追い込まれた。ほかの住民たちも、口々に木村や、別の取り調べ担当者の暴力を語った。

これに対して、木村は「軽く叩いただけだ」と反論したが、宣誓供述書で認めていることとの矛盾を突かれると「通訳の誤訳」などと歯切れの悪い説明に終始した。上官からの指示についても「私はそのような命令を受けていない」と否認している。明らかに不自然な供述ぶりである。

実は、木村は上官から法廷で真実を語ることを禁じられていた。『哲学通論』の遺書では「虚偽の陳述が日本人全体のためになるならば止むなしとして命に従った」と説明している。歯切れが悪いのはそのためだった。

だが、裁判が進むにつれ、木村ら現場の担当者に責任が押しつけられそうな雲行きになってきた。

ここで、木村は上層部に直訴を試みる。一九六一(昭和三十六)年、法務省の司法法制調査課の出張調査で、小倉はこのときのことを語っている。

「取調時の拷問等という事件にウエートがかかってきた。木村等が『真相を言ってくれ、そうでないと自らの身が危険だ』と連絡して来た」

木村らは弁護人の中園原一を通じて、上田にも働きかけた。六二(昭和三十七)年の法務省の調査で、上田は「弁護人が二回ほど私のところに来て、『どうも●●(伏せ字)が危ない、彼のために何か良い証言をしてくれ』と頼んできた。私は大決心をした上、証言台で『●●(伏せ字)は私の命令で行動したのであり、責任はない。私の部下に間違いありとせば、皆、私の責任だ』と明言した」と語っている。『哲学通論』の遺書で、木村が「法廷における氏の態度も立派であった」と称賛した証言だったが、当の上田は、木村が全体の方針に従わないのが不快だったのか、「●●（伏せ字）は優秀な男であったが、最後のころには少し頭が変になっていた」と言っている。

斎も周囲の反対を押し切って、証言台に立った。そこで「（取り調べでの暴力は）私の命令でそうしたのだから、責任は私にある」と明言した。その上で、スパイ事件の容疑者を裁判を開いた上で「国際法に基づいて銃殺刑」にしたとして、「私は公正な裁判だったと考える」と述べている。

法務省の調査に対する小倉の説明によると、木村ら取り調べの担当者らは「陸軍側の言い分、部隊長の言に服しないようになった」。弁護人の中園も同じく法務省の調査で「被告人の中で内輪もめが生じ、弁護に困難を生じた。即ち上層部と●●●●（伏せ字）等のグループとの関係で、上からの命令による行為にすぎないと主張した」と語っている。

こうした訴えを受けた斎や上田の証言だったが、取り調べでの拷問や、スパイ容疑者の殺害を命じた参謀の斎藤海蔵は、ついに証言に立たなかった。

そして、木村らは不利な状況のまま、三月二十六日、判決の日を迎えた。まず日本側が最終弁論を行い、次いで検察側が論告をした。その中で検察官は、木村のことを「一番の殺人者」「拷問者」となじった。最後に斎、上田が情状を訴え、寛大な刑を求めた。

いったん休廷した後、判決が言い渡された。

司令官の斎は銃殺刑、次いで取り調べを担当した木村ら五人に絞首刑が言い渡された。上田は懲役十五年、過酷な取り調べを命じた中佐の坂上繁雄は懲役三年、小倉は同十二年、鷲見は同十年の刑だった。民政部で木村の同僚だった大野實は、容疑者の呼び出し役を務めただけだったが、拷問に加わったなどとして懲役十年の刑とされた。すべての中心にいた参謀の斎藤は無罪だった。

城地良之助（慈仙）の『印度洋殉難録』によると、チャンギ刑務所で一緒になった城地に、斎は「私はどんなにしても最後に責任を取らされるのである。私が証言台に立ったために一番の責任のある斎藤君が無罪となり、人一人が助かったことは今も良いことをしたと思っております」と話した。

法務省の調査で、小倉も「木村等の申し出を認めて、真相で裁判に臨んだならば、五十名くらいの被害者が出ないとも限らなかった」と述べている。

斎を除く木村ら五人の死刑は、軍のスケープゴートにされた結果だった。

だが、木村はあきらめていなかった。判決後、捨て身の反撃に出たことが『哲学通論』の遺書に記されている。

「私は上級者たる将校連より法廷における真実の陳述をなすことを厳禁され、それがため、命令者たる上級将校が懲役、私が死刑の判決を下された。これは明らかに不合理である」

「当然命令者なる将校に責めが行くべきであり、また彼らが自分自身でこれを知れるがゆえに私に事実の陳述を厳禁したのであり、（略）判決のあった後ではあるが、私は英文の書面をもって事件の真相を暴露して訴えた」

「上告のない裁判であり、また判決後であり、また元来から正当な良心的な裁判でないのであるから、私の真相暴露が果たして取り上げられるか否かは知らないが、親に対して（略）最後の努力をしたのである」

「もしそれが取り上げられたならば、数人の大佐、中佐や、数人の尉官たちが死刑を宣告されるであろうが、それが真実である以上当然であり、また彼らの死をもって、この私が救われるとするならば、国家的見地から見て私の生の方が数倍有益であることを確信したからである」

弁護人が被告全員の減刑を求める請願書を出したのとは別に、木村は死刑とされた他の四人との連名で、自ら英文で請願書を提出した。

請願書の実物は見つかっていないが、この請願書を受けた連合国軍の准将からシンガポール地区司令官に宛てた確認書が残っている。それによると、木村らは請願書で、拷問を奨励したとして参謀の斎藤と中佐の坂上が責めを負うべきだと主張した。上官の将校の命令を隠すことで、上官たちは罪を免れる。階級の低いものは、そもそも罰せられないはず。そんなシナリオで裁判に臨んだことを明かし、弁護士も謀議に与していたと告発した。

さらにもう一つ、重要な新事実を明らかにしていた。斎藤と坂上が、モイディーンの妻子と子守の少女を殺害させたことである。通信兵の磯崎勇次郎が同僚から知らされたという、乳児を含む三人の殺害は、事実だった。

だが、請願書の提出は一回に限られる。弁護人による全員連名の請願書で既に権利を行使してしまっており、木村らの請願書は退けられた。木村はさらにもう一度、単独で請願書を提出したが、これも通らなかった。

8

二〇一三年十一月二十三日午後、新大阪駅前のホテルのラウンジで、私は『哲学通論』を手にしていた。余白に鉛筆でびっしりと書き込みがされている。一番の目的は、そこに書き込まれているはずの短歌を確認することだった。木村久夫の代表作とされる〈音もなく我より去りしものなれど書きて偲びぬ明日と言ふ字を〉と、この歌をめぐる木村の物語を書こうとしていた。

ところが、この歌は『きけ わだつみのこえ』(岩波文庫)を初めとして、登場する出版物によって、微妙に表記が違っていた。たとえば、『わだつみ』では、「(明日と)言ふ」が「いう」になっている。恩師・塩尻公明の『或る遺書について』では、「いふ」である。

歌を紹介するのに歌が違っていては話にならない。そこで、私はご遺族に現物を見せてもらい、確認することにしたのだった。もちろん、同時に木村のことも伺うつもりだった。歌は本の二十四ページの右の余白に書き込まれていた。「(去りし)もの」は「物」と漢字で書かれている。だが、巻末にも歌を一枚の紙の裏表に書いた一覧があり、ここでは「もの」になっている。迷ったが、巻末の方を後で書いたと判断し、紙面では「もの」とすることにした。

遺書はすべて、この『哲学通論』に書かれていると思っていたし、時間も限られているので、書き込みの中身はあまり読まなかった。ただ、せっかくの機会なので、すべてを写真に撮り、あとで確認することにした。

ご遺族には、木村のことを伺い、手紙なども見せてもらった。これらもすべて写真撮影し、最初の取材を終えた。当初の目的は、これで済んだ。

十二月上旬、木村が旧制高校時代に過ごした高知・猪野々などを取材し、いくつか補足取材をして十二月二十五日の夕刊文化面に記事を出した。

この話は、それで終わるはずだった。だが、木村の短歌を整理しようと、『哲学通論』に書かれた作品を書き写し、『きけ わだつみのこえ』と比較するうちに、おやと思った。『哲学通論』の遺書が、中途半端な終わり方をしているのである。具体的に言えば、『わだつみ』に載っているのに、『哲学通論』の余白には出ていない箇所がある。たとえば、最後の「処刑半時間前擱筆す（筆を置く）」という言葉は、『哲学通論』の余白には出ていないのだ。

調べてみると、主に『わだつみ』の後半四分の一ほどが『哲学通論』にはなかった。別に遺書が存在するのではないかと考え、ご遺族に問い合わせると、「ありません」という答えだった。だが、存在しないはずがない。「絶対にあるはずですから、調べていただけませんか」とお願いし、調べてもらった。

しばらくすると、予想通り「ありました」と、返事があった。年が明けると、早速、大阪に飛び、見せてもらった。手製の原稿用紙六枚の表と裏に延べ十一枚にわたって書かれた、父久宛の遺書だった。冒頭に遺品のリストを記し、続いて、しっかりした筆致で、死を前にした思いがつづられていた。

「いまだ三十歳に満たざる若き生命を持って老いたる父母に遺書を捧《ささ》げるの不孝をお詫《わ》びする。いよいよ私の刑が施行されることになった。絞首による死刑である。戦争が終了し戦火に死ななかった生命を今ここにおいて失っていくことは惜しみても余りあることであるが、これも大きな世界歴史の転換のもと国家のために死んでいくのである。よろしく父母は、私は敵弾に当たって華々しい戦死を遂げたものと諦めてくれ」

こう書き出される遺書は、死刑の執行が決まってから書かれた、まさに「最後の遺書」だった。この遺書で木村は、両親に「お達者であるか」、妹に「達者か」と呼びかけ、「いよいよ孝養も尽くせるという時になってこの始末です」とわびる。故郷の佐井寺の風景に思いをはせ、仏前には洋菓子と洋花を供えるよう求め、旧制高校時代を過ごした高知と世話になった恩師に思いをはせた。そして、志半ばで学問の道が断たれることに悔しさをにじませ、「せめて一冊の著述でも出来得るだけの時間と生命とが欲しかった」と嘆く。

獄中で入手した田辺元『哲学通論』を、学生時代に高知の猪野々や京都・洛北白川の下宿で読んだことを振り返りながら、「独房の寝台の上に横たわりながら、この本を抱き締めた」と、知的欲求が満たされる喜びを語り、死んでいく自分に代わって「新しい青年が、(略)自由な社会において、自由な進歩を遂げられんことを地下より祈るを楽しみとしよう」とエールを送る。

そして、「この頃になってようやく死ということが大して恐ろしいものではなくなってきた」「時々ほんの数秒の間、現世への執着がひょっくり頭を持ち上げるが直《す》ぐ消えてしまう。この分ではいよいよあの世へのお召しが来ても、大して見難《みにく》い態度もなく行けそうと思っている。何を言っても一生においてこれほど大きい人間への試験はない」と、死を前にした心境をつづる。

最後に辞世の歌二首を残していた。

何度も読み返すうちに、木村の声が聞こえてくるような気がした。

そのうち、また奇妙なことに気がついた。『わだつみ』と辞世の歌が違っているのだ。『わだつみ』では、「処刑前夜の作」として、以下の歌が登場する。

おののきも悲しみもなし絞首台母の笑顔をいだきてゆかむ

風も凪《な》ぎ雨もやみたりさわやかに朝日をあびて明日は出でまし

塩尻の『或る遺書について』でも、表記こそ微妙に異なるが、やはり同じ二首が出ている。しかし、本物の遺書に出ているのは、以下の二首である。

風も凪《な》ぎ雨も止《や》みたり爽やかに朝日を浴びて明日は出《い》でなむ

心なき風な吹きこそ沈みたるこゝろの塵《ちり》の立つぞ悲しき

木村の遺書は、辞世の歌まで差し替えられていた。この際、徹底的に調べてみようと、二つの遺書をワープロ打ちし、『わだつみ』と比較してみた。大きく言うと、『わだつみ』の後半の四分の一が、今回、新たに見つかった父親宛の遺書の内容になっている。だが、ところどころ、今回見つかった遺書から前の方に挿入されたり、両方の遺書にない言葉が書き加えられたり、『哲学通論』の遺書の部分では逆に削られたりしていた。

『わだつみ』の遺書は、誰かの手で、大胆に編集されていた。

9

誰が、なぜ遺書を編集したのか。

その疑問を解く第一の鍵は、木村久夫の恩師・塩尻公明の『或る遺書について』にある。一九四八（昭和二十三）年五月四日付のこの文章は、同年に月刊誌『新潮』六月号に掲載された。

塩尻は、遺書の言葉を引用しなが

旧制高知高校時代に木村が最も慕っていた恩師・塩尻公明。写真が趣味の木村が撮影した

ら、教え子の人生を語る。ここで初めて木村の遺書が世の中に紹介され、読者に感動の渦を広げた。

塩尻は文中で「以下この一文に彼の遺書として引用する文章は、凡てこの（『哲学通論』の）書きこみの中から引いてきたものである」と記している。ところが、文中には、『哲学通論』の余白にはなく、父親宛の遺書にだけ書かれた箇所が何カ所も登場している。一例を挙げれば、前章で引用した「何を言っても一生においてこれほど大きい人間への試験はない」といった箇所などである。『哲学通論』の書きこみについて「また数頁あとには（次のようにある）」と書いた箇所があるが、実際は五ページから七十一ページへと大きく飛んでいる。表現を変えた箇所も目立つ。たとえば『哲学通論』の十七ページの余白には、以下のように書かれている。

「日本は無理をした。非難さるべきことも随分としてきた。全世界の怒るも無理はない」

これが『或る遺書について』では、以下のようになっている。

「日本がこれまで敢えてして来た無理非道を考えるとき、彼等の怒るのは全く当然なのである」（傍点筆者）

明らかに表現が誇張されている。『わだつみ』でも一部の漢字がひらがなになったりしているほかは、この表現が踏襲されている。

『哲学通論』の二十一ページにある、次の箇所もそうだ。

「これの不合理は、過去やはり我々日本人が同じくやってきたのであることを思えば、やたら非難はできないのである」

同じ箇所が、『或る遺書について』では、こうなる。

「かゝる不合理は過去の日本人がいやと言う程他国人に強いて来たことであるから、敢て不服は言い得ないのである」（傍点筆者）

ここでも強調する改変が行われている。これもまた『わだつみ』にほぼ踏襲されている。

以上を見る限り、塩尻が二つの遺書を合体させ、さらに大幅に編集したことは間違いなさそうだ。なぜ塩尻は木村の文章に手を加えたのか。

塩尻が一九四七（昭和二十二）年一月九日の晩に執筆した木村の父久宛ての手紙が、実家に保存されていた。分かっている範囲では、塩尻が遺書について言及した最初の文章とみられる。

「お手紙拝見いたしました。恐らく人の一生にまたともらうことはあるまいと思われる種類のお手紙であったと思います。あの遺書をよまれ、またこの手紙を書かれた御両親のお気持ちは、何と申し上げようもありません。木村君とは特に親しみ深い仲であった私の母、家内も一しょに三人で涙をこぼしながらくり返して遺書をよみました」

この書き出しから、手紙が、木村の父久から「遺書の写し」を受け取った時の返事だと分かる。塩尻は、この中で木村との強い結びつきを語り、「彼が若き命をすてて書いたこの一片の遺書は、何巻の学問的書物にもまさる価値をもっていると思います。私一個にとってもこの遺書はいつまでもつきぬ感動と、人生の深き省察と、まじめな生き方、勉強（の）し方を鞭撻して止まない貴重な文献となるでしょう」と高く評価している。

塩尻は『或る遺書について』で、遺書を書き写した経緯を語っている。

「内地留学で京都に滞在している数ヶ月の間に、自分は（木村の故郷を）三回までも訪れることが出来た。（略）最後の訪問のときには、一夜、そして続く日の午前と午後と、いつも時間をものおしみしている自分が我乍《なが》ら不思議なほどに落着いた心で『哲学通論』の余白にぎっしりと書き込まれた彼の言葉を残らず原稿用紙に清書していった。彼のいつも愛用していた机の上で、彼の使いのこした原稿用紙に向ってである。彼の父親が恐縮して、娘に書かせましょう、というのを辞退して、彼と会って話をする気持だから、と言い乍ら一人で全部を写し取った。（略）この時に自分の写し取った彼の遺書を読み返し乍ら、いま自分はこの一文を草したのである」

四八年の早春、塩尻が『哲学通論』の遺書を自ら筆写したことが分かる。塩尻はこれを自分の「感想集」に載せるつもりだったが、思いがけなく『新潮』への掲載が決まる。この年の六月九日に執筆した久宛ての手紙で「今年四月に上京の際、新潮社で色々話し合いました結果、六月号の新潮を全体の三分の一位までそのために割いてもよいという意想外の良結果となり、すでに原稿も送りまして、六月号（二十日以後一般書肆に出る予定）の巻頭をかざりうることとなりました」と報告している。

この手紙で、塩尻は「私の紹介や感想を混え、遺書の中の最も興味深く思われる部分（といっても殆ど全部）を整理して排列した」「久夫君の近くにいる者の感情よりも、久夫君自身の死や気持の深さを活かすことと、この一文がなるべく多くの人々の役に立つということを考えなくてはならぬので、御両親としてはあまり知られたくないと思われるかも知れぬこと、すなわち久夫君が御両親の融和を心配していたことなどもそのままに表しました」とも述べており、自らの意志で編集を加えたことを明らかにしている。

四八年九月の久宛ての手紙では、出版に際し、新潮社との間に立って、『哲学通論』を一ページ切り取って送ってくれるよう依頼している。新潮社の担当は、『新潮』編集長で、後に『週刊新潮』や『FOCUS』創刊の中心になる名物編集者の斎藤十一[40]だった。

塩尻は執筆の依頼を受けた当時、体調を崩していたが、「この文章だけは与えられたこの機会をつかんでどうしても書いておかねばならぬ[41]」(「病苦について」)と思い、数時間休んでは少しずつ書いていったという。

塩尻の言葉や、執筆の経緯からすると、塩尻は、何とか教え子の遺志を汲もうとして、善意で編集を加えたと推測される。

しかし、『或る遺書について』が出版された翌年、東京大学消費生活協同組合出版部から『きけ　わだつみのこえ』が出るときになぜ、同じような編集が行われたのか。塩尻は直接『わだつみ』には関わっておらず、謎が残る。

判断する上で、一つ参考になる資料が残っていた。父久による、自分宛の遺書の写しである。ところどころに「（略）」を挟み、言葉遣いを丁寧語にあらためながら、久はほぼ忠実に遺書を写し取っている。だが、いくつか変更してい る箇所もある。たとえば、終盤の「死ねば、祖父母にもまた、一津屋の祖父にも会えるであろう」という部分である。

この冒頭に久は「人の言うようなら、」と付け加えている。『或る遺書についで』で「若しも人々が言うように、あの世というものがあるなら、」としているのと似た改変である。末尾には「死の前夜の歌」として、以下の二首が挙げられている。

おの丶のきも悲しみもなし絞首台母の笑顔をいだきてゆかむ

風も凪ぎ雨もやみたりさわやかに朝日をあびて明日《あす》は出でまし

『或る遺書について』『わだつみ』と、基本的には同じ歌である。このことから分かるのは、少なくとも辞世の歌を入れ替えた点については、父の久の意向が働いていたということである。

遺書にある辞世の歌から外されたのは、〈心なき風な吹きこそ沈みたるこゝろの塵《ちり》の立つぞ悲しき〉という一首だった。「心ない風よ、吹いてくれるな。せっかく落ち着かせた心の塵がまた舞い立ってしまい、悲しいじゃないか」。死を受け入れながらも、そんな最後の揺れる気持ちを隠せない、正直な歌である。だが、見方を変えれば、気の迷いを見せていて、堂々としていないとも受け取れる。久は、そうしたマイナスのイメージを払拭したかったのではないか。

久が「(略)」として削った部分に「意気地ないが、これが今私の持ち得る唯一の理論だ」という言葉がある。これも同じ理由だった可能性がある。

もしも四六（昭和二十一）年暮れから四七（昭和二十二）年初にかけて、久が塩尻や八波に送ったとみられる「遺書の写し」が、現在、木村の実家に残る写しと同じものだったとすれば、『或る遺書について』で塩尻が実際と異なる辞世の歌を載せていることとの説明がつく。

久によるとみられる写しは、実はもう一つある。先に検証した写しとほぼ同一だが、こちらには二カ所、赤字で追加されている箇所があった。

「先生の著書『天分と愛情の問題』を地の遠隔なりしため、今日の死に至るまで一度も拝読し得なかつたことはくれぐれも残念です」

恩師の塩尻に言及した箇所には、『哲学通論』の書きこみにあるこの一文が挿入されていた。このくだりは、塩尻の『或る遺書について』や『わだつみ』にも同様に付け加えられていた。

もう一カ所は、先に検証した写しで「人の言うようなら、」と付け加えた部分を、さらに「もしも人の言うようにあの世というものがあるなら」と変えていた。これもまた『或る遺書について』『わだつみ』と同一である。

そうなると、遺書の一部については久が修正したと判断せざるを得ない。一方、久と塩尻の手紙のやりとりを見る限り、二人が相談して編集をした形跡はない。実際、久が手を入れていない変更箇所が、『或る遺書について』などに多数ある。このことから考えられるのは、以下のことだ。

(一)塩尻は『哲学通論』の遺書を自ら書き写した

(二)父宛の遺書は、久から送られた「遺書の写し」が手元にあった

(三)久から送られた遺書は、久によって一部が変更されたものだった

(四)塩尻は、書き写した『哲学通論』の遺書と、久から送られた「遺書の写し」を合わせて、編集した

(五)久が変更した部分は、塩尻も同じように書いてしまった

では、『わだつみ』にはなぜ、実際と異なる遺書が載ってしまったのか。「わだつみ会（日本戦没学徒記念会）」が行ったインタビュー[42]で、木村の妹孝子は「ちょうどその頃、兄の恩師の八波直則先生が東京に内地留学をしておられまして、高知高校の兄の後輩で当時東大生だった安光公太郎さんという方に、兄の遺書を送るように木村の家に手紙を出してくれとおっしゃったのです」と証言している。木村の実家には、当時の安光の手紙が保存されている。

四八（昭和二十三）年十一月二十七日付の手紙では、（一）手記の写しをできれば拝借いたしたい（二）それが不可能ならば塩尻先生の文中の木村先輩の「手記」の転載を許されたいこと（塩尻先生からはすでに編集部の方でお許しを得ております）――と、求めていた。その上で「お申し越しのように、原文によって順序を訂正する必要上、手記全文が拝見できれば幸甚です。編集部の方では、差し支えある部分は、あるいは全文にわたって仮名ででも、木村先輩の手記を収録したいとの熱望を持っています」と記している。

四九（昭和二十四）年二月の久宛の葉書では、「お忙しいところを長文のコピーをとってくださり、まことに感謝に堪えません。あの中、どのくらい採録されるかは他の人たちのものとの関係上、今のところ分かりませんが、木村先輩が望まれたように、先輩の死をして無駄ならしめないように『若い人たちの奮起』されるように、いっそう広く読まれるだろうと思っています」とある。

「長文のコピー」とは何か。現物は所在不明だが、新たに見つかった手紙に、謎を解く鍵が潜んでいた。「よく先生の御本と対照して先生が添削して下さった通りに文章を訂正等して送る積りです」。四八年暮れに久から塩尻に宛てた手紙に、こうある。久は、塩尻が『或る遺書について』で施した編集を「添削」と受け止め、ほぼその通りに直した原本を編集部に送ったのだった。『わだつみ』で『或る遺書について』での編集が踏襲されている理由は、そこにあった。

こうして、木村の二つの遺書は二〇一四年四月二十九日までの六十八年間、本当の姿を知られることはなかった。

10

二〇一四年四月二十九日、東京新聞や中日新聞に大きく記事が出た後、多くの読者の方から手紙やファクスで感想をいただいた。ほとんどが「涙なしには読めませんでした」「切り抜いて保存します」といった好意的な声だった。

手紙などがしばらく途絶えたころ、大きな封書が届いた。奈良市の川田泰久さん（七七）からだった。関西では東京新聞は出ていないが、記事が出ていることを知って、国会図書館関西館で閲覧してくれた。封書の中には、長文の感想や新聞記事の切り抜きとともに、カセットテープが同封してあった。

『マイクの広場　A級戦犯』という、文化放送が一九五六（昭和三十一）年四月十五日に流したラジオ番組の録音だった。川田さんの知人・水野繁さん＝奈良市＝が番組制作に携わっており、音源を保存していたという。

出演者は、その前年に仮出所した橋本欣五郎[43]、鈴木貞一[44]、賀屋興宣[45]、荒木貞夫[46]のA級戦犯四人と、東京裁判の特別弁護人で、放送当時は文部大臣だった清瀬一郎[47]ら。この中で、元陸軍大将の荒木が言っている。

「負けたと私は言わん。まだやって勝つか、負けるか、分からんですよ。あの時に上陸してご覧なさい。（略）九州、とにかく、やったならば、血は流したかもしれんけど、惨憺たる光景を、敵軍が私は受けたと思いますね。そういうことでもって、終戦になったんでしょう。だから敗戦とは言ってないよ」

「簡単な言葉で言やあ、負けたと思うときに初めて負けるんだと。負けたと思わなけりゃ、負けるもんじゃない」

戦前の化石が生き返ったような発言だが、さらに言葉はエスカレートする。

「憲法の問題、グズグズ何か言うなら、五箇条の御誓文でいいじゃないかと」

「ああ、もうこりゃ当然、教育勅語によって、教育の根本を立てるべきものなりと、こう結論します」

このラジオ放送で、こうしたA級戦犯の側の主張と対立的に置かれているのが、木村の遺書だった。「私は死刑を宣告された。年齢三十に至らず、学半ばにして、この世を去る運命を誰が予期し得たであろう」。この言葉に始まり、実際とは文言を少し変えて圧縮した遺書のエッセンスがナレーションで流れる。

思い出すのは『哲学通論』の余白に木村が記した、この言葉である。

「監獄にいて何々中将少将という人に幾人も会い、共に生活しているのであるが、軍服を脱いだ赤裸の彼らは、その言動において実に見聞するに耐え得ないものである。この程度の将軍を戴いていたのでは、日本にいくら、科学、物質があったとしても、戦勝は到底望み得ないものであったと思われるほどである」

「彼が常々大言壮語して止まなかった、忠義、犠牲的精神、その他の美辞麗句も、身に装う着物以外の何ものでもなく、終戦により着物を取り除かれた彼らの肌は実に見るに耐え得ないものであつた」

荒木を見れば、この木村の言葉がよく理解できる。だが、荒木のような品性の人間が陸軍大将に上り詰めたばかりか、陸軍大臣や文部大臣にまでなったのが、戦前の日本だった。そんな無理が通れば道理が引っ込む、戦争一色の時代の中で、木村のような将来の日本を担うべき、優秀な若者が多数戦場に送られ、命を落とした。それなのに荒木は、反省しないばかりか、本土決戦でさらに大勢の命が奪われても良かったと言わんばかりの台詞を吐いている。

もし木村が荒木の言葉を聞いたら、再び同じ台詞を語るだろう。

「精神的であり、また、たるべきと高唱してきた人々のいかにその人格の賤《いや》しきことを、われ、日本のために暗涙禁ず能《あた》わず」（『哲学通論』の遺書）

木村たち末端の兵に罪を押しつける形で無罪となった参謀の斎藤海蔵は、その後どうしたのだろうか。一九六八（昭和四十三）年八月十五日、ＴＢＳテレビの朝の番組『おはよう、にっぽん』が、東京・谷中の瑞輪寺で執り行われた木村の二十三回忌法要に斎藤を引っ張り出した。[48]

斎藤は帰国後、木村の遺族に手紙を出し、金三百円を渡そうとしたが、送り返されていた。この日の参列を遺族は知らず、いきなりの初対面となった。

本堂に上がると、斎藤は木村の母斐野の前で正座して深く頭を垂れ、「ご苦労かけました末、大変なことになりまして、みんな私がいたらんためでございまして、まことに申し訳ありません」とわびた。手が震えていた。

「戦争終わってね、裁判になって、なぜ一言ね、おっしゃっていただけなかったか。『責任は私にある』と言ってくだすって無罪でお帰りになるなら、私たちは納得しますよ。木村君が死ぬまで忘れなかったのは、なぜ言ってくんなかったんだということだと思うんです」

木村の同僚だった大野實がなじるように言うと、「はい、おっしゃる通りです」と認め、「私も証言する予定にしとったんでございます。ところがある弁護士から『斎藤さん、言っちゃいけない』と言われたんです」と弁明した。

あとで遺族や大野らと話し込んだ斎藤は、反省しているように見えた。

ところが、『週刊新潮』の記者が後日、広島に戻った斎藤にインタビューすると、その態度はすっかり変わっていた。

「木村君の遺族と会った時、まことに気の毒だと思ったし、そういいもしました。ただ、相済まなかったとはいわなくてもよかったと思っています。そういってしまうと私が木村君に罪を着せ、一人生き残ったような印象を与えてしまいますからね」

「木村さんの遺族をお気の毒だとは思う。しかし、恨まれるいわれはないし、謝る必要もない。（略）人間だから処刑されたくないのは当然ですよ」

これまで見てきたように、斎藤は、九十人近い住民の殺害を命じた中心人物である。過酷な取り調べを命じた人物でもある。だが裁判で証言せず、木村らを見殺しにした。そして今、黙りを決め込むどころか、開き直っている。

ここでも、木村の遺書の言葉が思い出される。

「日本の軍人、ことに陸軍の軍人は、私たちの予測していた通り、やはり国を亡《ほろ》ぼしたやつであり、すべての虚飾を取り去れば、私欲そのもののほかは何ものでもなかった。今度の私の事件においても、最も態度の賤しかったのは陸軍の将校連中であった」(『哲学通論』の遺書)

斎藤の態度は、まさに木村の言葉を裏付けている。だが、荒木や斎藤ら一部の旧軍人とは対照的に、元軍幹部を含めて多くの国民は過去の行状を謙虚に受け止めてきた。荒木らの発言が流された『マイクの広場　A級戦犯』の放送後、リスナーは無反省な発言に反発し、新聞でも批判するコラムが相次いだ。

「わが国民は今や大きな反省をしつつあるのだろうと思う。その反省が、今の逆境が、明るい将来の日本に大きな役割を与えるであろう」(『哲学通論』の遺書)

「大きな反省」に立ち、時に揺れ動きながらも七十年近く平和を守り続けてきたわが国。木村の二つの遺書の言葉は、今も私たちに「反省を忘れていないか」と、問いかけている。

1　ジェームズ・クラヴェル（1924〜94）。映画監督としてもシドニー・ポワチエ主演の『いつも心に太陽を』（1966）などの作品がある

2　『哲学通論』には余白と巻末に貼り付けた別紙の二カ所にこの歌が出てくるが、ここでの表記は巻末の別紙の方を採用した

3　「母よ妹よ、祖国よ、幸あれ」（『婦女界』1949年4月1日号）

4　吉永登（1906〜1989）。国文学者。後に関西大学教授

5　ジョン・ケア・ゴールディ（生没年不明）。藤本周一「戦前昭和期に大阪府下の学校等（旧学制）に勤務した外国人教師について（その3・完）」（大阪経大論集第59巻第1号、2008年）によると、1927（昭和2）年から1940（昭和15）年にかけて、大阪府立豊中中、北野中などで英語を教えていた

6　木村の父久から『婦女界』編集者への私信

7　八波直則『私の慕南歌回想と随筆』（雄津書房）

8　塩尻公明「或る遺書について」（『新潮』1948年6月号）

9　関田英里（1921〜2002）。旧制高知高校の木村の同級生。高知大学長、高知市立自由民権記念館館長などを務める。専門は日本経済史、農業経済論

10　『民主文学』1995年8号

11　吉井勇（1886〜1960）。歌人、脚本家。伯爵。歌集『酒ほがひ』『祇園歌集』

や中山晋平作曲の「ゴンドラの歌」の作詞で知られる。最初の妻徳子が、華族ら上流階級の女性がダンスホールの教師と関係を結んだ不良華族事件（ダンスホール事件）に連座したため離縁し、傷心の日々を高知・猪野々で過ごした

12 「ある学友の遺書」

13 「ある学友の遺書」

14 『第二貧乏物語』（河上肇著、1930）。マルクス主義思想の解説書

15 「ある学友の遺書」

16 恩師・八波直則の「塩尻先生と戦没学徒木村久夫君――未完未発表の小説『物部川』の紹介」によると、一九四一（昭和十六）年十一月、三省堂発行の自由日記風の「随想」に十四ページまで書かれた未完の小説。見返しに「昭和十六年十二月経済学研究の第二期出発に際して」と書かれている

17 木村文庫にあるシャルル・ジイド著『経済学原論』には「丸太町書店街にてキャナン富の翻訳に掛りしとき」と書き込まれており、翻訳していたのはエドウィン・キャナン（Edwin Cannan, 1861～1935）の『富』（Wealth, 1914）とみられる

18 1894～1948年まで実施された、高級官僚の採用試験

19 日本戦没学生記念会機関誌『わだつみのこえ』2001年11号

20 荒勝巌（1920～97）。後に農林省（現農林水産省）に入省し、水産庁長官、国際

協力事業団副総裁などを務める。日ソさけ・マス交渉の日本側代表。父親は京都帝大教授（原子核物理学）で、戦前、海軍の依頼で原子爆弾の研究（F研究）に携わったことで知られる荒勝文策（1890〜1973）

21 難波田春夫（1906〜91）。経済学者。東洋大、早稲田大教授などを歴任し、関東学園大学長、酒田短期大学長

22 城地良之助（慈仙、1898〜1984）

23 斎藤海蔵（生没年不明）。独立混成第三十六旅団参謀

24 1946年7月28日付。厚生省援護局調査課資料（近藤新一による写し）

25 「カーニコバル戦争犯罪記述　或る傍観者の記録」（私家版）

26 「カーニコバルの想い出」（私家版）

27 木村久夫の宣誓供述書。木村は、戦犯裁判では「ただ軽く叩いた（pat）にすぎない」として、「打った（beat）」とする供述は通訳の誤訳だと主張した。しかし、木村が英語に堪能で、通訳を務めていたことからしても、苦しい主張と言わざるを得ない。以下、戦犯裁判の資料は英国公文書館所蔵のカーニコバル島事件裁判記録（WO235／834）。木村宏一郎氏提供。

28 宣誓供述書。この供述についても木村は戦犯裁判で「私はそのようなことをしていない」「私の言ったことを誤訳したのだ」と否認している。その場にいた新井光

男は宣誓供述書で、木村が打つのを見たと述べている
29 「或る傍観者の記録」
30 The Yearling（邦題『子鹿物語』）。米作家M・K・ローリングス（Marjorie Kinnan Rawrings, 1896〜1953）による児童文学
31 映画『アラビアのロレンス』のモデルとなったT・E・ロレンス（Thomas Edward Lawrence, 1888〜1935）のノンフィクション。第一次世界大戦中のアラブの反乱などを描く
32 『チャタレイ夫人の恋人』で知られるD・H・ロレンス（David Herbert Lawrence, 1885〜1930）の小説
33 サマセット・モーム（William Somerset Maugham, 1874〜1965）。英国の小説家、劇作家。『月と六ペンス』など
34 11世紀ペルシャの詩人ウマル・ハイヤームの四行詩集
35 チャールズ・ディケンズ（Charles Dickens, 1812〜70）。英国のヴィクトリア朝時代を代表する小説家。『オリバー・ツイスト』『二都物語』など
36 「或る傍観者の記録」
37 「或る傍観者の記録」
38 朝日新聞テーマ談話室編『血と涙で綴った証言戦争』（下巻）

39 独立歩兵第二五九大隊。大隊長西島剛

40 斎藤十一（1914〜2000）。名物編集者。新潮社の「天皇」と呼ばれた

41 現代教養文庫『絶対的生活』（社会思想研究会出版部、1952）

42 日本戦没学生記念会機関誌『わだつみのこえ』2001年11号

43 橋本欣五郎（1890〜1957）。元陸軍大佐、右翼活動家。参謀本部ロシア班の班長時代に「桜会」を組織。たびたびクーデターを試みる。A級戦犯として、東京裁判で訴追され、終身刑。1955年釈放

44 鈴木貞一（1888〜1989）。元陸軍中将。第二次近衛文麿内閣で企画院総裁。東条英機内閣でも入閣し、東条の側近とされる。東京裁判でA級戦犯として訴追され、終身刑。1955年釈放

45 賀屋興宣（1889〜1977）元大蔵官僚。主計局長などを経て第一次近衛内閣、開戦時の東条内閣で蔵相。開戦に反対だったが、A級戦犯に問われ、終身刑。1955年釈放。池田勇人内閣で法相

46 荒木貞夫（1877〜1966）元陸軍大将。犬養毅内閣、斎藤實内閣の陸相。第一次近衛内閣・平沼騏一郎内閣の文相。皇道派の重鎮だった。東京裁判でA級戦犯として訴追され、終身刑。1955年、病気のため出所後、釈放

47 清瀬一郎（1884〜1967）。弁護士、政治家。東京裁判で東条英機の弁護人を

務める。戦後、文相、衆議院議長

48 以下、やりとりは「テレビが暴露した元参謀二十年前の罪」(『週刊新潮』1968年8月31日号)による

木村久夫と「きけ　わだつみのこえ」

1918年 4月 9日	大阪府吹田市で木村久夫が生まれる
37年 4月	旧制高知高校入学
41年12月	太平洋戦争開戦
42年 3月	旧制高知高校卒業
4月	京都帝国大経済学部入学
10月	応召され、大阪中部第23部隊入隊
11月	陸軍病院に入院。結核とみられる
43年 6月	陸軍病院を退院
9月	出征。翌月、インド洋のカーニコバル島に配属
45年 8月15日	昭和天皇が終戦を発表
46年 3月26日	シンガポール戦犯裁判で、木村らに死刑判決
5月23日	木村らに死刑執行
48年 6月	塩尻公明が『新潮』に「或る遺書について」を発表
49年10月	東京大協同組合出版部が『きけ わだつみのこえ』出版
82年 7月	岩波文庫版『きけ わだつみのこえ』(旧版)出版
95年12月	岩波文庫版『きけ わだつみのこえ』(新版)出版

あとがき

『きけ　わだつみのこえ』（岩波文庫）に収録された七十四人の遺稿の中でも、木村久夫の遺書は独特の光を放っています。戦時中に特攻死した学徒や病死・餓死した学徒と違い、木村は戦犯に問われ、処刑されるまでの一年足らずではありますが、戦後を垣間見ているからです。もともと木村は京都帝国大学経済学部に進み、研究の道を志していた学徒です。英語も堪能で、洋書にも親しんでいましたから、戦前の日本人としては視野が広く、冷静で論理的な考え方のできる人物でした。それに加えて、軍中心の価値観が崩れた戦後を知ったことで、ものごとをこれまで以上に多面的に捉える視点を獲得できました。

『哲学通論』の余白と、父親宛の原稿用紙の遺書。その二つの遺書からくっきりと浮かび上がるのは、志半ばで命を奪われる悲しみや、それまで日本を支配してきた軍の論理への批判と憤り、そして家族や将来の日本への深い思いです。書いてから六十八年を経た今も、その内容は古びていません。

しかし、読者が普通に手にすることができる岩波文庫版の『わだつみ』の遺書は、二つの遺書を合わせた上で大幅に編集を加えたものです。『哲学通論』の遺書で軍を批判した箇所を何カ所も削除していたり、二つの遺書のどこにも出ていない言葉を加筆したり、文の前後を入れ替えたりしています。辞世の歌二首のうち一首も別の歌に差し替えられています。感動的な内容ではありますが、これでは本当に木村の遺志を伝えているとは言えません。

今回、二つの遺書を元のままの形で紹介したのは、わずか二十八歳で死ななくてはならなかった若き学徒の思いを「加工したもの」ではなく、もとのまま知っていただきたいと考えたからです。ご遺族も同意してくださいました。

これまで多くの人が木村のことを語り、文章にしてきました。大半は『わだつみ』の遺書の内容をもとに、無実の罪で処刑された悲劇の主人公として美化し、あがめるものでした。ごく一部ではありますが、戦後の視点から見て住民に対する加害者の面を批判したものもあります。しかし、ほとんどの人間の心に光と影が存在するように、若き学徒兵にもさまざまな面がありました。

京都帝国大学に進んだエリート、二十八歳の家族思いの若者、軍の中で末端の上等兵、島の住民ともっとも親しく付き合った日本人、読書を愛する学究の徒、上官に命じられるまま島民に暴力を振るった取り調べ担当者、なんとしても生き延びようと軍の嘘を告発した死刑囚……それらすべてが、木村久夫の一面です。

二つの遺書には、そんな真実の、等身大の木村が凝縮されています。

まずは、木村の生の声に耳を傾けていただけたらと願っています。合わせて「木村久夫と二通の遺書について」をお読みいただければ、二つの遺書では語られなかったことも含めて、木村の人生やカーニコバル島事件について、さらに理解が深まると確信しています。

今回の取材や書籍化に際し、多くの方にお世話になりました。とりわけ、二つの遺書や手紙などを快く提供してくださった木村の甥・木村泰雄さんに深謝申し上げます。すべては泰雄さんの協力なしにはできないことでした。

また、英国公文書館の資料を見せてくださり、カーニコバル島事件等についてアドバイスをくださった歴史研究者の木村宏一郎さん、大隊本部の通信兵として終戦までカーニコバル島に滞在し、貴重な体験談を聞かせてくださった磯崎勇次郎さんに、特に御礼を申し上げます。

高知での取材では、香美市立吉井勇記念館館長の山中幸三郎さん、猪野沢温泉の女将だった今戸道子さん、高知工業専門学校准教授の細川光洋さん、高知大学国際学術情報課学術情報管理係長の澤田明美さん、高知大学南溟会事務局長の越智雅光さんにお世話になりました。恩師の塩尻公明については塩尻公明研究会を主宰する中谷彪《かおる》さん、『わだつみ』編集の経緯などでは日本戦没学生記念会（わだつみ会）元理事長の岡田裕之さんにご示唆をいただきました。川田泰久さんは、五十八年前のラジオ番組を録音したカセットテープを送ってくださいました。

このほかにも多くの方のお力添えで、この本は完成しました。ありがとうございました。

加古陽治

二〇一四年八月

◉主な参考資料

日本戦没学生記念会編『きけ　わだつみのこえ』（岩波文庫、新版1995年、旧版1982年）
塩尻公明「或る遺書について」（『新潮』1948年6月号）
同『絶対的生活』（現代教養文庫、社会思想研究会出版部、1952年）
八波直則『私の慕南歌　回想と随筆』（雄津書房、1981年）
田辺元『哲学通論』（岩波全書、1933年）
城地良之助（慈仙）『印度洋殉難録』（非売品、1976年）
木村宏一郎『忘れられた戦争責任　カーニコバル島事件と台湾人軍属』（青木書店、2001年）
「母よ妹よ、祖国よ、幸あれ」（『婦女界』1949年4月1日号）
土佐文雄「「ある学友の遺書」（『民主文学』1995年8号）
「木村久夫さんご遺族（義郎、孝子さん夫妻）に聴く」（日本戦没学生記念会機関誌『わだつみのこえ』115号、2001年）

木村久夫歌碑建立の会『木村久夫氏歌碑建立記念誌　紺碧の空に』（非売品、1996年）

鷲見豊三郎「カーニコバル戦争犯罪記述　或る傍観者の記録」（1951年）

川西啓介「カーニコバルの想い出」（1976年）。木村宏一郎氏提供

斎藤海蔵「カーニコバル島史実資料調査報告」（1946年）。木村宏一郎氏提供

英国公文書館所蔵のカーニコバル島事件裁判記録（W／0235／834）。木村宏一郎氏提供

法務省司法法制調査課「大阪 神戸 京都 地方出張調査報告書」（1956年）

同「福岡 小倉 地方出張調査報告書」（1958年）

同「大阪・兵庫・岡山・京都・滋賀地方出張調査報告書」（1961年）

同「神奈川（横浜）地方出張調査報告書」（1962年）

連合国最高司令官総司令部国際検察局文書　IPS Doc. No. 5112: Affidavit of LESLIE (Nicorbarese) Christian retreatment of Nicorbarese and Indians by Japanese forces

同　IPS Doc. No. 5456: Andamans, Nicobars - Killing of civilians

M. D. Srinivasan, Sons of the Light: The Story of Car Nicobar, No place: ISPCK, 1962

ジェームズ・クラヴェル『キング・ラット』（石井宏訳、山手書房、1985年）
朝日新聞テーマ談話室編『血と涙で綴った証言　戦争』（下巻、1987年）
松尾三郎（若松斉）『絞首台のひびき　あるインテリ死刑囚の手記』（世界社、1952年）
読売新聞大阪社会部『新聞記者が語り継ぐ戦争8　戦犯』（角川文庫、1986年）
「テレビが暴露した元参謀二十年前の罪」（『週刊新潮』652号、1968年8月31日号）
RKC高知放送『山里の墓標～学徒兵・木村久夫の遺書から～』（テレビ番組、1995年12月7日放送）
NHK教養特集「ある青春～『わだつみの遺書から』」放送台本（1971年8月14日放送）
文化放送『マイクの広場　A級戦犯』（ラジオ番組、1956年4月15日放送）

このほか、ご遺族から木村久夫の私信、木村の父久と恩師・塩尻公明ら関係者との私信、遺書の写し、写真等、多数の資料の提供を受けた。

木村久夫（きむら・ひさお）

1918年4月9日、大阪府吹田市佐井寺に生まれる。大阪府立豊中中学校（現豊中高校）、旧制高知高等学校（現高知大学）を経て、42年4月、京都帝国大学経済学部入学。同年10月に応召され、病気による入院加療を経て、43年9月出征。陸軍部隊の一員として、インド洋アンダマン・ニコバル諸島のカーニコバル島に駐屯する。島では海軍主導の民政部に所属し、主に住民対策に当たる。終戦間際の45年7月、「スパイ」事件の取り調べを命じられ、その時に拷問により死者を出したとしてシンガポールの戦犯裁判で死刑判決を受ける。46年5月23日、チャンギ刑務所で処刑執行。田辺元『哲学通論』の余白に書いた遺書で知られ、『きけ　わだつみのこえ』の中でも特に重要なものとされてきたが、今回、父親宛の遺書が見つかり、『わだつみ』は二つの遺書を編集したものと判明した。

加古陽治（かこ・ようじ）

1962年愛知県生まれ。東京外国語大スペイン語科卒業後、中日新聞社（東京新聞）に入社。司法、教育、ニュースデスクなどを担当。2002年度新聞協会賞を受賞した連載「テロと家族」取材メンバー（米国取材担当）。福島第一原発事故の発生した2011年3月から12年6月まで原発取材班の総括デスクを務め、取材班は、第60回菊池寛賞を受賞。12年7月から文化部長（現職）。「心の花」に所属する歌詠みでもある。共著に『レベル7　福島原発事故、隠された真実』（幻冬舎）、『原発報道　東京新聞はこう伝えた』（東京新聞）など。

真実《しんじつ》の「わだつみ」

学徒兵《がくとへい》 木村久夫《きむらひさお》の二通《につう》の遺書《いしょ》

2014年8月28日　初版発行
2015年6月16日　三刷発行

編・著　加古陽治
発行者　川瀬真人
発行所　東京新聞
〒一〇〇-八五〇五　東京都千代田区内幸町
二-一-四　中日新聞東京本社
電話［編集］〇三-六九一〇-二五二一
［営業］〇三-六九一〇-二五二七
FAX　〇三-三五九五-四八三一

装丁・組版　常松靖史［TUNE］
印刷・製本　大日本印刷株式会社

ISBN978-4-8083-0995-4　C0021

留守担当者 大阪府吹田市大字佐井寺 木村久

遺書　木村久夫

未ダ三十才ニ満タザル若キ生命ヲ持ツテ老イタル父母ニ遺書ヲ捧ゲルノ不孝ヲ詫ビル。愈々私ノ死刑ガ執行サレル事トナツタ。絞首ニ依ル死刑デアル。戦争ノ終了シ戦火ニ死ナナカツタ生命ヲ、今此処ニ於テ失ツテ行ク事ハ惜ミテモ余リアル事デアルガ、之モ大キナ世界歴史ノ転換ノ下國家ノタメニ死ンデ行クノデアル。宜シク父母ハ私ハ敵弾ニ当ツテ華々シク戦死ヲ遂ゲタモノト諦メテクレ。私ガ刑ヲ受ケルニ至ツタ事件ノ内容ニ就イテハ福中英三氏ニ聞イ